马克思主义经典文本的当代解读与中国道路

丛书主编 吴晓明

国家出版基金项目
NATIONAL PUBLICATION FOUNDATION

重庆市出版专项资金资助项目

《德意志意识形态》的当代解读与中国道路

仰海峰 编著

A brief Introduction to The German Ideology

重庆出版集团 重庆出版社

图书在版编目（CIP）数据

《德意志意识形态》的当代解读与中国道路 / 仰海峰编著. -- 重庆：重庆出版社，2025.3
ISBN 978-7-229-18632-6

Ⅰ.①德… Ⅱ.①仰… Ⅲ.①《德意志意识形态》—马恩著作研究 Ⅳ.①A811.21

中国国家版本馆CIP数据核字（2024）第084321号

《德意志意识形态》的当代解读与中国道路
《DEYIZHI YISHI XINGTAI》DE DANGDAI JIEDU YU ZHONGGUO DAOLU

仰海峰　编著

责任编辑：冯　静　林　郁
责任校对：朱彦谚
装帧设计：刘沂鑫

重庆出版集团
重庆出版社　出版

重庆市南岸区南滨路162号1幢　邮政编码：400061　http://www.cqph.com
重庆出版社艺术设计有限公司制版
重庆天旭印务有限责任公司印刷
重庆出版集团图书发行有限公司发行
邮购电话：023-61520656
全国新华书店经销

开本：889mm×1194mm　1/32　印张：6.875　字数：120千
2025年3月第1版　2025年3月第1次印刷
ISBN 978-7-229-18632-6

定价：35.00元

如有印装质量问题，请向本集团图书发行有限公司调换：023-61520678

版权所有　侵权必究

吴晓明

总序

当中国的历史性实践进入到新的历史方位时，"世界历史"正面临着百年未有之大变局。为了理解这一变局并把握住它的根本趋势，我们尤其需要以马克思主义的理论来作为思想武器和分析工具，以便能够真正深入到"世界历史"变局的本质之中。因为直到今天，没有一种学说像马克思的学说那样，如此深刻而透彻地洞穿了现代世界的本质并将其带入到"历史科学"的掌握之中。正如海德格尔所说：马克思在体会到异化的时候，是深入到历史的本质性的一度中去了，所以马克思主义关于历史的观点比其余的历史学优越。这种优越性首先在于它的基本方法，在于这种方法将本质性导回到社会—历史的现实之中，从而要求根据特定的社会条件和时代状况展开具体化的理论研究和思想探索。

为了理解和掌握这种方法，我们就必须进入到马克思主义的经典文本之中——这是一个尽管初步但却是绝对必要的环节。如果认为马克思主义从根本上诉诸"现实",因而就以为文本、原则或原理等乃是无关紧要的和可以忽忽略的,那么,这从一开始就已经误入歧途了。须知"现实"并不是知觉能够直接给予我们的东西,并不是我们睁眼就能看到的;真正的"现实",按黑格尔的说法,是"本质与实存的统一",是"展开过程中的必然性"。既然"现实"包含着本质和必然性,那么,把握"现实"就是一种很高的理论要求,就需要有理论高度上的原则或原理。所谓"经典文本",就是最集中地体现原则或原理的文献。为了将马克思主义理论把握为强大的思想武器和锐利的分析工具,首先就必须通过经典文本的广泛阅读来学习马克思主义的原则或原理——舍此没有他途。我们正是为此目的而编选这套马克思主义经典文本解读系列的。

但是,马克思主义的理论绝不停留于抽象的原则或原理,也绝不意味着只是将抽象的原则或原理先验地强加给任何对象(外在反思)。对于马克思主义来说,它的基本方法最坚决地要求使原则或原理进入到全面的具体化之中。我们知道,黑格尔早就说过:没有抽象的真理,真理是具体的;一个哲学上的原则或原理,即使是真的,只要它仅仅是一个原则或原理,它就已经是假的了。我们同样知道,马克思在《〈政治经济学批判〉导言》中,将他的方法简要地概括为"从抽象到具体";而我们耳熟能详的一句名言说:"具体情况具体分析是马克思主义的活的灵魂。"在这样的意义上,辩证法就意味着:普遍的东西要摆脱它的抽象性而经历特定的具体化。对于黑格尔和马克思来说,这样的具体化主要有两个向度,即社会的向度和历史的向度;而这就意味着:抽象普遍的东西必须经过中介——根据特定的社会条件和特定的时代状况——来得到具体化。

举例来说,马克思主义的原则或原理乃是普遍的。但正如恩格斯所说,除非这样的原则或原理能够根据特定的社会条件和时代状况被具体化,否则它就会沦为"恶劣的教条",就会转变为"唯物史观的对立物"。而根据中国特定的社会条件和时代状况得到具体化的马克思主义,就是中国化时代化的马克思主义。事实上,与中国的历史性实践建立起本质联系的,不是抽象的马克思主义,而是中国化时代化的马克思主义。同样,在"世界历史"的基本处境中,现代化乃是普遍的。如《共产党宣言》所说,任何民族——如果它不想灭亡的话——都必然被卷入到现代化的进程之中,也就是说,现代化已成为每一个民族之普遍的历史性任务。但是,除非这样的普遍任务能够根据特定的社会条件和时代状况被具体化,否则,它就没有现实性可言，它就会遭遇到巨大的挫折和严重的困境。而根据中国特定的社会条件和时代状况得到具体化的现代化进程，就意味着中国式现代化，就意味着中国特色现代化道路的积极开启和现实展开。事实上，正是中国式现代化的历史性进程才使得中国的现代化开辟出立足于自身之上的发展道路，并取得了举世瞩目的伟大成就。由此可见，在这样一种具体化的理论进程和实践进程中，就像马克思主义必然要成为中国化时代化的马克思主义一样，中国的现代化实践也必然要成为中国式的现代化。

我们的这套解读系列之所以加上"当代解读与中国道路"的标识，就是试图积极地提示马克思主义的基本方法，提示这一方法从根本上来说的具体化承诺。毫无疑问，任何一种经典文本的解读，首先要求对原著的基本理解，要求掌握它的原则或原理。同样毫无疑问，马克思主义经典文本的解读还要求原则或原理的具体化——根据特定的社会条件和时代状况而来的具体化。如果这个解读系列的尝试能够帮助读者更加全面地阅读和理解经典作家的原著，那么，我们的目的就基本达到了；如果这一尝试还能够使读者在理解原著的基础上牢记具体化的必要性并学会掌握它，那么，马克思主义的基本方法就会真正成为我们的研究指南和分析利器。凭借着这样的指南和利器，我们不仅能够更加深入地思考中国道路的本质与必然性，而且能够更加积极地回应"世界历史"变局中正在出现的重大问题与严峻挑战。

我们由衷地感谢为这套解读系列付出辛勤劳动的诸多学者和整个出版社团队，我们也真诚地希望读者们能够从中得到思想理论上的有益启示和多重收获。

2023年冬初于复旦大学

目 录

总序 /1

原著解读 /1

前　言 /3

一、《德意志意识形态》的写作缘起 /4
　　(一)政治经济学研究与马克思哲学思想的发展 /5
　　(二)《唯一者及其所有物》的出版 /9
　　(三)赫斯的《最后的哲学家》中对费尔巴哈、鲍威尔、施蒂纳的批判 /13
　　(四)《维德干季刊》的出版 /16

二、《德意志意识形态》的主要内容 /19
　　(一)物质生产在历史唯物主义中的基础性地位 /21
　　(二)社会存在决定社会意识 /29
　　(三)意识形态的颠倒性源自社会生活本身的颠倒性 /32
　　(四)分工与社会发展 /35
　　(五)生产力、世界历史与共产主义社会的物质基础与重要条件 /40
　　(六)共产主义是改变现实的革命运动 /44
　　(七)"真正的社会主义"是一种虚幻的说教 /47

三、《德意志意识形态》在马克思主义哲学发展史中的地位 /51
　　(一)《德意志意识形态》与马克思的哲学革命 /51
　　(二)《德意志意识形态》的再定位 /63

四、《德意志意识形态》的传播与影响 /71

五、《德意志意识形态》的现实意义 /76
　　(一)透视哲学的意识形态之谜,从哲学批判走向社会历史批判,开启了对社会历史的科学分析 /76
　　(二)揭示了社会发展的总体进程,特别是近代以来历史向世界历史转变的内在逻辑,为我们认识社会历史发展,特别是认识全球化进程提供了科学的方法论 /86

目录

(三)为中国特色社会主义提供了科学的理论基础 /97

原著选读 /105

第一卷第一章　费尔巴哈 /108

唯物主义观点和唯心主义观点的对立 /108

[Ⅰ] /108

一 费尔巴哈 /110

A. 一般意识形态,特别是德意志意识形态 /110

1. 一般意识形态,特别是德国哲学 /114

[Ⅱ] /125

[Ⅲ] /157

[Ⅳ] /163

国家和法同所有制的关系 /200

I 《德意志意识形态》的
当代解读与中国道路

原著解读

A BRIEF
INTRODUCTION TO
THE GERMAN IDEOLOGY

前言

《德意志意识形态》(以下简称《形态》)是马克思、恩格斯从1845年11月到1846年5月间合作的著作,全名为《德意志意识形态。对费尔巴哈、布·鲍威尔和施蒂纳所代表的现代德国哲学以及各式各样先知所代表的德国社会主义的批判》。这部著作与1845年春天完成的《关于费尔巴哈的提纲》(以下简称《提纲》)一起,标志着马克思、恩格斯哲学思想的根本变革和历史唯物主义的创立,在马克思主义发展史上具有重要的意义。

一、《德意志意识形态》的写作缘起

在《神圣家族》之后,马克思本来与出版商列斯凯签订了《政治和国民经济学批判》的出版合同,恩格斯当时正在为写作《英国社会史》或《英国人的社会发展史》作准备,但1845年后半年,马克思、恩格斯都放下了自己的写作计划,埋头于《形态》的写作。根据两人后来的说法,改变写作计划的原因在于,想对以前的哲学信仰进行清算,以便在正面表达自己的观点时,获得更为稳固的理论基础。从马克思、恩格斯的思想发展以及当时的理论与实践情况来看,这种清算源于以下几个方面的考虑:

（一）政治经济学研究与马克思哲学思想的发展

青年马克思是从青年黑格尔派的观点出发的。马克思深受鲍威尔自我意识哲学的影响，强调理性的根本性地位，并以此面对当时德国的书报检查令和林木盗窃案。经过《莱茵报》时期的实践，马克思意识到，青年黑格尔派所弘扬的理性，在现实中却成为维护私人利益的工具。而要理解市民社会中的私人利益问题，就必须从政治经济学去寻找答案，在《黑格尔法哲学批判》之后，费尔巴哈的人本异化史观为马克思考察市民社会提供了基本的哲学前提。正是这一思考，加之当时恩格斯、赫斯等人在经济学研究上的影响，马克思于1843年10月至1845年1月，在巴黎开始了政治经济学研究，留下了10个笔记本，有关经济学摘录的笔记占7本，即后来学界指称的《巴黎笔记》，其中3个笔记本的内容就是我们今天所看到的《1844年经济学哲学手稿》，即从哲学出发对政治经济学的批判，以及对共产主义的哲学论证。也正是在写作这个手稿的过程中，马克思一方面从费尔巴哈的人本学思想出发来批判现实，另一方面通过对黑格尔哲学的再思考以及对工业的初步关注，开始萌生了从现实出发的唯物主义逻辑。1844年

8月与恩格斯完成了《神圣家族》，对鲍威尔的思想展开了批判，认为他是"现实的人道主义"的最危险的敌人，他以"自我意识"取代现实的人。在对鲍威尔的批判中，马克思开始意识到社会物质实践在人类历史意义的作用。同时，法国社会主义者从社会环境出发研究问题的思路，也给马克思留下了较深的印象。由于法国当局的驱逐，1845年2月马克思移居布鲁塞尔，3月写下了《评弗里德里希·李斯特的著作〈政治经济学的国民体系〉》。虽然马克思批判李斯特为资本主义市民社会辩护的立场，但李斯特从生产力发展出发的思路，相比于抽象的人本主义和青年黑格尔派的思辨哲学，更能有助于了解市民社会。这也意味着，在真正理解市民社会，必须从社会现实出发，从实践出发，将哲学从天上世界拉到地上世界，并对地上世界进行新的理解。正是从这一点出发，马克思写下了《关于费尔巴哈的提纲》，对以往的唯物主义与唯心主义哲学进行了总体批判，形成了以实践为基础的对新唯物主义思路，第一次将自己的立场即社会化的人类与当时青年黑格尔派尤其是费尔巴哈的立场即市民社会进行了区分。同时，从现实历史实践出发的哲学构架，使得政治经济学批判获得了新的哲学基础。这不再是人本主义的异化批判，而是基于社会生活实践的历史批判。当然，这时马克思所讲的实践还只具有总体的概念，还没有真正从实践转向具体的历史生活。7月至8月，马克思与恩格斯一同前往曼彻斯特，他们二人进一步了解了英国的工业生产情况，在此期间马克思写下了《曼彻斯特笔记》。

在这些笔记中，马克思阅读了大量解释斯密、李嘉图思想的著作，特别是李嘉图社会主义者汤普逊和勃雷的著作。在对李嘉图的解释中，赞同者与反对者都涉及到劳动价值论。在李嘉图社会主义者看来，必须将劳动价值论激进化，即如果劳动者才创造价值，那么价值就应该归劳动者所有。汤普逊就认为："财富是由劳动产生的；除劳动外没有别的要素能使任何欲望的对象成为财富品。劳动是财富唯一的普遍的衡量标准，也是财富的典型特征。"[①]"如果不需要劳动来占有它们，虽然象空气或水那样十分有用，却没有交换价值。使它们成为财富品的是劳动。劳动是把自然散布在各处的无用原料变成为人类获得幸福手段的因素。只有劳动才能使它们作为财富品而具有价值和

[①] ［英］威廉·汤普逊：《最能促进人类幸福的财富分配原理的研究》，何慕李译，商务印书馆1986年，第27页。

市价。"①汤普逊从劳动价值论出发，强调作为物质因素的资本在物质生产中的作用，强调通过分配的调整来实现工人对劳动价值的占有。勃雷认为，人类要想生活得快乐，必须有三个条件：即必须要有劳动；必须要有过去劳动的积累，或资本；必须要有交换。②资本家的利润所得来自于资本家对工人的剥削，资本家与工人劳动之间的不平等交换是劳动受到压迫的根源，因此在保持作为生产要素的资本这一前提下，如何实现平等交换，成为他关注的问题。虽然李嘉图社会主义并没有提出要消灭资本家，但他们从政治经济学出发强调物质生产的思想，对马克思起着重要的影响。同时，这一物质生产的思想也使《提纲》中关于社会实践的抽象描述有了更为具体的历史内容。因此，将物质生产提升为哲学的基础，并从这一新的基础出发来考察社会历史及其变化过程，这是马克思思想发展中需要解决的问题。强调物质生产的历史意义，这正是《形态》中所着力展现的问题。

---

① [英]威廉·汤普逊：《最能促进人类幸福的财富分配原理的研究》，何慕李译，商务印书馆1986年，第89页。
② 参阅[英]约翰·勃雷：《对劳动的迫害及其救治方案》，袁贤能译，商务印书馆1959年，第45页。

（二）《唯一者及其所有物》的出版

《唯一者及其所有物》是青年黑格尔派中的代表人物麦克斯·施蒂纳的代表作。施蒂纳原名卡斯帕尔·施米特，1842年开始与青年黑格尔派交往，与恩格斯很熟。恩格斯在1852年3月2日的信中就说，他与施蒂纳在当时早期是好朋友，认为施蒂纳是一个善良的人。在参考青年黑格尔派活动时，施蒂纳就写了许多文章反对书报检查令，反对德国当局，并体现出以抬高自我反对任何社会与国家的思想倾向。

1844年10月底，《唯一者及其所有物》在莱比锡出版，当时标注的出版时间为1845年。这本书分为两大部分：第一部分的标题是"人"，认为任何意识、宗教、道德、社会、国家、人民、祖国等观念都是以普遍性的东西反对人的个体存在。第二部分的标题为"我"，强调利己主义的个人的意义，认为只有这样的唯一者，才能实现人的解放。施蒂纳的这本书，对当时的代表人物鲍威尔、费尔巴哈的哲学思想进行了批判，对当时流行的社会主义思想进行了讨伐，在学界产生了较大的冲击力。

费尔巴哈强调，人是一种类存在，他将上帝的所有优点,都放在人的类本质之中,并以人的类本质的完满性批判现实中人的异化。施蒂纳认为:费尔巴哈的这一设定,只是一种理想性的设定。"成为一个人,并不等于完成人的理想,而是表现自己、个人。"①当哲学家们强调"人"要寻求自己的类本质时,"又再度是主语从属于谓语,个人从属于一般;又再度确保了观念的统治权并为了一个新的宗教奠定了基础。这是在宗教范围内,特别是基督教范围内的一种进步,然而并非是超越它的一步"②。也就是说,反对宗教统治的费尔巴哈,以其人的类本质思想再度论证了宗教统治的合法性。同样,离开个人的存在来谈论一般意义上的人的本质,去谈自由、平等、权利等,只不过是把人理解为"善良市民","个人、个别的人被当作渣滓;反之,一般的人则被尊奉为'人'。这种精灵各如其分地被称为基督徒、犹太人、伊斯兰教徒、善良市民、忠诚的臣民、自由者、爱国者等等,同样地,那些想把关于人的离经叛道的概念推行下去,以及想把自己贯彻到底的

---

① [德]麦克斯·施蒂纳:《唯一者及其所有物》,金海民译,商务印书馆1989年,第196页。
② [德]麦克斯·施蒂纳:《唯一者及其所有物》,金海民译,商务印书馆1989年,第197页。

人们,就各如其分地在胜利的'人'面前倒毙"①。对于当时强调从"社会"出发的社会主义思潮,施蒂纳认为:没有个人的、独自性个体的社会,"就是一种独立的权力、在我之上的权力、我所不可企及的事物。尽管我赞叹社会,崇拜它、尊重它、敬仰它,却不能征服它、消受它,所以做不到,恰恰是因为退让……我的谦卑给予社会勇气,我的服从则给予社会以统治权"②。

在批判上述思潮的基础上,施蒂纳强调利己主义的个人的意义,认为这才是现实的个人,才是摆脱抽象的精神统治、宗教统治的独立的个体。"独自性就是我的全部本质和存在,就是我自己。"③真正的自由就是成为利己主义者,而不是成为"人"。"我就是人!人是基督教的结局和成果,而作为自我的人是新的历史的开端和利用的材料。新的历史是在牺牲的历史之后的享受的历史;它并非是人

---

① [德]麦克斯·施蒂纳:《唯一者及其所有物》,金海民译,商务印书馆1989年,第220—221页。
② [德]麦克斯·施蒂纳:《唯一者及其所有物》,金海民译,商务印书馆1989年,第339页。
③ [德]麦克斯·施蒂纳:《唯一者及其所有物》,金海民译,商务印书馆1989年,第168页。

的或人类的历史,而是我的历史。"①施蒂纳的这些论述,从哲学思辨的角度对费尔巴哈的类本质思想提出了有深度的批判,同时也对当时德国的意识形态提出了批判。如果从这本书的写作时间来看,施蒂纳关于费尔巴哈人本主义的批判,对哲学形而上学的反思,对马克思来说同样具有泼冷水的作用。

1844年1月,恩格斯通过出版商维德干读到施蒂纳一书的样本。在1844年11月19日给马克思的信中,恩格斯认为,施蒂纳的利己主义是边沁利己主义的彻底化,体现了利己主义世界的自我意识,这是转向唯物主义和经验主义的唯心主义者。正是这种彻底化和自我意识,使得必须转向共产主义。施蒂纳抛弃费尔巴哈的抽象的"人",这是对的,现在要做的是从这个"我"上升到经验的人,而不像施蒂纳那样陷在"我"里面。施蒂纳在"自由人"当中,算是最有才能和最有独立见解的人②。在1844年12月,马克思曾给恩格斯去信,对恩格斯关于施蒂纳的评论提出了批评。在1845年1月20日写给马克思的信中,恩格

---

① [德]麦克斯·施蒂纳:《唯一者及其所有物》,金海民译,商务印书馆1989年,第194页。
② 《马克思恩格斯全集》第27卷,人民出版社1973年,第9—14页。

斯表示完全同意马克思关于施蒂纳的评论，并认为自己在11月写给马克思的信中，由于受施蒂纳的影响较大，没有发现马克思所发现的问题。由于施蒂纳这本书在当时的影响力较大，马克思恩格斯（从恩格斯1月20日的信中可以看出还有赫斯，赫斯后来写作了《最后的哲学家》来批判施蒂纳等人的思想）感到需要对施蒂纳进行彻底的批判，同时也借此清理自己的思想和信仰。

（三）赫斯的《最后的哲学家》中对费尔巴哈、鲍威尔、施蒂纳的批判

在青年马克思的思想发展中，赫斯是一位较为重要的人物。自1841年与马克思相识，一直到《德意志意识形态》，赫斯与马克思一直有着合作关系，《德意志意识形态》中现存的第二卷第五章关于库格曼的批判，就是赫斯起草的。1843年在《来自瑞士的二十一印张》中，赫斯发表了三篇有影响的文章，在《行动的哲学》中，他从康德的道德哲学出发，以人的自由自觉的活动来批判现实人的异化活动，强调自由是一种道德，而不是外力强调下的奴

役性劳动。1843年与卢格相识,参加《德法年鉴》的创刊策划工作。1844年初,赫斯发表了《论货币的本质》一文,将人本学的观点与政治经济学批判很好地结合起来,批判实践的利己主义,指出人的交往就是人的本质的实现。应该说,这种从政治经济学出发的哲学批判思路,领先于同期的青年马克思。赫斯也因为其带有道德批判的哲学共产主义思想,成为真正的社会主义的重要代表。

1845年6月,赫斯的小册子《最后的哲学家》出版。这篇文章曾于1845年5月发表于《新轶文集》上,马克思于5月14日从卡·列斯凯那里得到该文。在这篇文章中,赫斯对鲍威尔、费尔巴哈和施蒂纳都进行了批判,表达了自己对社会主义的理解。

赫斯认为,青年黑格尔派想扬弃人与神的差别,或者以自我意识、或者以类来替代天界,但"从理论上扬弃个别的人和作为类的人区别的尝试,由于如下的原因而全部失败。即只要实践上没有扬弃人的个别化、个别的人,即使他认识了世界和人类、自然和历史,现实上也只是个别化的人,仍然是作为个别化的人而存在"。[①]造成这一状况

---

① [德]莫泽斯·赫斯:《赫斯精粹》,方向红译,南京大学出版社2010年,第183—184页。

的原因是基督教时代开始,并一直影响着当代哲学的理论与实践的分裂、人与世界的分裂这种二元论。费尔巴哈的类哲学,不过是对现实进行反映的"现在的哲学",他的哲学以现代市民社会为前提,以市民社会与国家的分裂为前提,一方面崇拜市民社会中的利己主义,另一方面强调类存在,这只不过是将现实存在的矛盾虚幻化。鲍威尔的自我意识,只不过意味着将"整个自然以及类全体吞下、吃尽、分解、消化"[①]。施蒂纳的利己主义不过是对过去利己主义的彻底化,因为过去的利己主义"不具有自己的关于利己主义任何意识,他们没有基于主义的利己主义,总是在为博爱(人性)尽忠——即没有把一切人反对一切人的战争,放在自由竞争中首尾相贯地进行"[②],可见,施蒂纳的利己主义不过是小商人世界的写照,这不过是将人从宗教的动物界中解放出来,重返到森林。因此,强调现实的个人的施蒂纳其实并不理解现实的人是个什么样的状态,他只不过简单地将当下市民社会中的人看成了未来

---

① [德]莫泽斯·赫斯:《赫斯精粹》,方向红译,南京大学出版社2010年,第188页。
② [德]莫泽斯·赫斯:《赫斯精粹》,方向红译,南京大学出版社2010年,第189页。

社会主义的人，因此，施蒂纳所谓的唯一者的联盟并不能真正地实现人们的解放，"人们陷入的分离状态，只有在实践上通过社会主义，即人们的紧密团结，在共同体中生活，在其中劳动，并通过扬弃私人所得，才能够得到扬弃"①。

从赫斯的批判中可以看出，他以社会实践与社会主义为理论基点，对费尔巴哈、鲍威尔和施蒂纳都进行了批判，而且这种批判不再简单地从思辨出发，而是从社会实践出发。虽然赫斯在这篇文章还没有具体讨论如何理解社会历史，如何从具体的社会历史发展中去探讨社会主义的可能性，但这一批判方向却富有启发意义。可以说，赫斯的思考与《提纲》具有相近的理论水准。

（四）《维德干季刊》的出版

1845年2月《神圣家族》出版后，德国报刊和哲学界的反应不一，虽然有赞扬之语，但有些书评强调鲍威尔的

---

① ［德］莫泽斯·赫斯:《赫斯精粹》,方向红译,南京大学出版社2010年,第184页。

深刻性,将马克思恩格斯看作费尔巴哈的追随者。比如1845年10月在《维德干季刊》第3号上发表的无名氏的书评《布鲁诺·鲍威尔,或我们时代的神学人道主义的发展》一文中,作者就认为"费尔巴哈为的是个别的人,而鲍威尔为的是人类社会和历史;费尔巴哈从异化来认识人的宗教观点,而鲍威尔认识到基督教世界的现象、制度以及所有生活的共同原理;费尔巴哈用人学来消解神学,而鲍威尔则从相异现象及历史中来认识人的总体本质,从而消解神学;费尔巴哈探究宗教在主观上、心理上的根据,而鲍威尔则探究客观的、历史的根据"[1]。该文甚至认为,马克思恩格斯只是鲍威尔的彻底完成者。尤利乌斯在《维德干季刊》第2号上发表的书评认为:在《神圣家族》中,马克思仍然在追随费尔巴哈,并没有克服费尔巴哈的二元论,即作为个别存在的人与作为类存在的人之间的对立。[2]鲍威尔本人在《维德干季刊》第3号上发表了《评路德维希·费尔巴哈》一文,认为马克思恩格斯不过是费尔

---

[1] [韩]郑文吉:《〈德意志意识形态〉与MEGA文献研究》,赵莉、尹海燕译,南京大学出版社2010年,第94页。
[2] [韩]郑文吉:《〈德意志意识形态〉与MEGA文献研究》,赵莉、尹海燕译,南京大学出版社2010年,第95页。

巴哈的亚流，费尔巴哈哲学的完成者并不是马克思恩格斯，而是赫斯。①从这些书评来看，马克思恩格斯需要对鲍威尔进行再批评，同时需要对自己与费尔巴哈的关系进行再思考，特别是要对他们与费尔巴哈的关系进行界定，这是一项不能再拖延的工作。

正是基于上述的种种原因，在1846年8月1日写给列斯凯的信中，马克思在解释自己推迟《政治和国民经济学批判》的原因时这样写道："在发表我的正面阐述以前，先发表一部反对德国哲学和那一时期产生的德国社会主义的论战性著作，是很重要的。为了使读者能够了解我的同迄今为止的德国科学根本对立的政治经济学的观点，这是必要的。"②在1859年的《〈政治经济学批判〉序言》中，马克思也指出：1845年春，当他与恩格斯在布鲁塞尔时，决定阐明他们共同的见解与德意志意识形态的见解的对立，这个心愿就是通过两卷本的《德意志意识形态》表述出来的。③

---

① ［韩］郑文吉：《〈德意志意识形态〉与MEGA文献研究》，赵莉、尹海燕译，南京大学出版社2010年，第96页。
② 《马克思恩格斯全集》第27卷，人民出版社1973年，第473页。
③ 参阅《马克思恩格斯全集》第31卷，人民出版社1998年，第414页。

二、《德意志意识形态》的主要内容

《德意志意识形态》是以手稿的形式留存下来的。手稿没有标题，现在的标题《德意志意识形态。对费尔巴哈、布·鲍威尔和施蒂纳所代表的现代德国哲学以及各式各样先知所代表的德国社会主义的批判》，来自马克思1847年4月的一篇申明。在《驳卡尔·格律恩》中，马克思指出："这篇评论是对弗·恩格斯和我合写的《德意志意识形态。对费尔巴哈、布·鲍威尔和施蒂纳所代表的现代德国哲学以及各式各样先知所代表的德国社会主义的批判》一书的补充。"[①]。后来在《〈政治经济学批判〉序言》中，马克思再次提到这部著作。

手稿主体部分由两卷八章构成。第一卷由序言、三章

[①] 参阅《马克思恩格斯全集》（第一版）第4卷，人民出版社1958年，第43页。

构成,分别批判费尔巴哈、鲍威尔及施蒂纳的哲学思想。第二卷由五章构成,目前被编入《马克思恩格斯全集》中文第一版第3卷的,只有第一、第四、第五章,主要批判德国各式各样的社会主义思潮。对于缺失的第二、三两章,学界认为有可能是马克思恩格斯合写的《反克利盖通告》以及恩格斯写的《诗歌和散文中的德国社会主义》。第五章被认为由赫斯写作了初稿,后由马克思恩格斯修改而成。当然还有说法认为,第一卷有五章,除现有三章外,还包括赫斯批评卢格的文章《格拉齐安诺博士,德国哲学界的小丑》,这篇文章回应了1845年12月卢格出版的《在巴黎的两年》中对马克思与赫斯的攻击。另一篇为《前进报》责任编辑贝尔奈斯写的《论犯罪》。这两篇文章后来都由作者从马克思那里要走了。[①]正是由于这些原因,国外有些学者强调《德意志意识形态》并不是一部完整的著作,而是一部论文集,当然将《德意志意识形态》当作论文集这种编排是否能真正反映马克思恩格斯哲学思想的内在逻辑,需要再辨识,因为这种编排思路无疑会降低这篇文本在马克思恩格斯思想变革中的意义。

---

① 参阅单志澄:《〈德意志意识形态〉写作、发表和出版的经过》,载《马克思主义研究资料》第1卷,中央编译出版社2014年。

第一章《费尔巴哈》是由五篇手稿构成的未完成稿：最初写的具体说明哲学新视界的第一手稿的29页，现在被编为第二部分；然后是从已成稿的第三章中两处抽取的第二、第三手稿约43页，现被编为第三、第四部分；最后是马克思、恩格斯两次起草的全章引言和新世界观的总体概括的第四、第五手稿，现在被编为第一部分。①虽然第一章在直接形式上是批判费尔巴哈的，但实际上构成了全书的理论基础，也是马克思和恩格斯此时哲学思想的集中表达。《形态》标志着马克思哲学思想的重大变革。在这本书中，马克思构建了历史唯物主义的基本构架，为共产主义确立了新的哲学基础。

（一）物质生产在历史唯物主义中的基础性地位

针对费尔巴哈的抽象的"人"、鲍威尔的"自我意识"、施蒂纳的"唯一者"，在《德意志意识形态》中，马克思指出：他们只是以意识的变革来代替现实的革命，而

---

① 参阅张一兵：《回到马克思》，江苏人民出版社2014年，第429页。

没有想到要提出关于德国哲学与德国现实之间的关系问题。而要理解现实，首先就要认识到人类历史的第一前提就是有生命的个人的存在。人类要生存，就需要吃、住、穿、行以及其他一些东西。"因此第一个历史活动就是生产满足这些需要的资料，即生产物质生活本身，而且这是这样的历史活动，一切历史的一种基本条件，人们单是为了能够生活就必须每日每时去完成它，现在和几千年前都是这样……因此任何历史观的第一件事情就是必须注意上述基本事实的全部意义和全部范围，并给予应有的重视。"①从这一表述中可以看出，物质生活资料的生产与再生产是人类社会存在的永恒基础，生产逻辑随之构成了历史唯物主义的理论起点。马克思进一步认为，只有在生产逻辑的基础上，我们才能真正理解市民社会、国家与哲学及意识形态问题。"以一定的方式进行生产活动的一定的个人，发生一定的社会关系和政治关系。经验的观察在任何情况下都应当根据经验来揭示社会结构和政治结构同生产的联系，而不应当带有任何神秘和思辨的色彩。社会结构和国家总是从一定的个人的生活过程中产生的。"②这是

---

① 《马克思恩格斯选集》第1卷，人民出版社1995年，第79页。
② 《马克思恩格斯选集》第1卷，人民出版社1995年，第71页。

一个比较完整的理论构架，这一构架正是马克思哲学变革的重要成果。

就人类自身的发展而言，物质生产过程具有双重意义：第一，正是在物质生产过程中，人与自然之间建立了一种动态的交互性关系，人们在生产劳动过程中既改变了自然，也改变了人本身。第二，正是在物质生产过程中，人与人之间结成了社会关系，使人成为社会关系中的人。

随着生产劳动的展开，人通过目的性的劳动改变了自然存在，这就是黑格尔所谓的"劳动陶冶自然"的过程。在《德意志意识形态》中，马克思通过批判费尔巴哈深入地论述了这一点。费尔巴哈通过批判黑格尔和近代以来的哲学，认识到近代以来的哲学发展过程就是思辨理性逐渐摆脱感性存在并将感性本身加以抽象的过程，"未来哲学应有的任务，就是将哲学从'僵死的精神'境界重新引导到有血有肉的，活生生的精神境界，使它从美满的神圣的虚幻的精神乐园下降到多灾多难的现实人间"[①]。这种新哲学就是他所谓的人本学。如果现有的感性都被思辨理性所浸渍，这种新哲学何以可能成立？正是在这里，费尔巴

---

① [德]路德维希·费尔巴哈：《费尔巴哈哲学著作选读》上卷，荣震华、李金山译，生活·读书·新知三联书店1959年，第120页。

哈提出了自己的新"感性"的思想。费尔巴哈所谓的感性指的是一种没有经过现代理性污染的感性，这种感性是从原始的自然情感中引申出来的，如男女的自然性爱等。与这种感性相对应的，就是一个没有被现代理性所污染的自然，这当然不再是黑格尔所谓的劳动陶冶过的自然。马克思批判的正是这种"想象"的自然乌托邦。马克思认为：费尔巴哈"没有看到，他周围的感性世界并不是某种开天辟地以来就直接存在的、始终如一的东西，而是工业和社会状况的产物，是历史的产物，是世世代代活动的结果……甚至连最简单的'感性确定性'的对象也只是由于社会发展、由于工业和商业交往才提供给他的"[①]。也就是说，在资本主义生产的影响下，人们所面对的首先是经过劳动改造了的自然，而不是费尔巴哈所想象的那个没有经过人类影响的初始自然。如果说在前资本主义社会，人们在改变自然的同时，更多依赖于自然界并把自然界看作与自己同样的伙伴，甚至是高于自己的存在的话，那么在资本主义社会，自然则完全是以社会为中介而存在的，如果从一般物质生产逻辑来看，黑格尔说劳动陶冶自然恰恰揭示了

---

① 《马克思恩格斯选集》第1卷，人民出版社1995年，第76页。

现代社会中自然的存在方式。费尔巴哈的自然概念虽然有其哲学批判的意义，但在历史的意义上，这种批判只具有道德评价的意义，并没有达到黑格尔的思想高度。

更为重要的是，人们在通过劳动改变自然的同时，也改变了人本身。黑格尔曾以主人-奴隶关系说明过这一点。在黑格尔看来，虽然奴隶听命于主人并成为主人享乐的劳动工具，但奴隶在陶冶自然的过程中，认识了自然并认识到自己的力量，并最终获得了真正的自我意识。黑格尔的论述虽然有着强烈的思辨特征，但劳动对人的发展具有奠基作用这一思想，却被马克思继承下来。在《1844年经济学哲学手稿》中，马克思曾以"对象化"来描述工业劳动中人的本质力量的实现问题。"工业的历史和工业的已经生成的对象性的存在，是一本打开了的关于人的本质力量的书，是感性地摆在我们面前的心理学。"[①]这正是劳动的对象化的意义所在。在《1857—1858年经济学手稿》中，马克思进一步指出："活劳动通过把自己实现在材料中而改变材料本身，这种改变是由劳动的目的和劳动的有目的的活动决定的……因此，材料在一定形式中保存下来，物

---

① 《马克思恩格斯全集》第3卷，人民出版社2002年，第306页。

质的形式变换服从于劳动的目的。"①可见，劳动的对象化并不是被动的反应，而是人的目的与本质力量的实现。在《资本论》中，马克思对生产劳动的这一双重意义进行了简要的概括："劳动首先是发生在人和自然之间的行为。在这个行为中，人自身作为一种自然力与自然相对立。为了占有物质，赋予物质以对自身生活有用的形式，人就使他身上的力——臂和腿、头和手运动起来。当他通过这种运动作用于他身外的自然并改变自然时，也就同时改变他自身的自然，使自身的自然中沉睡着的能力发挥出来。"②人们在劳动中对对象改变到何种程度，人本身的意识和能力也就发展到何种程度，并会以这种发展了的意识来审视自然界。马克思《资本论》第一卷中的一个脚注，对我们理解上述问题很有帮助。在讨论"机器与大工业"时，马克思指出："按照笛卡儿下的定义，动物是单纯的机器，他是以中世纪不同的工场手工业时的眼光来看问题的。在中世纪，动物被看作人的助手和伙伴……毫无疑问，笛卡儿和培根一样，认为思维方法的改变导致生产方式的改变

---

① 《马克思恩格斯全集》第30卷，人民出版社1997年，第60页。
② ［德］马克思：《资本论》，中国社会科学出版社1983年，第165页。

和人对自然的实际统治。"①可以说，物质生产过程不仅满足了人的需要，而且促进了人的能力的发展。

在《关于费尔巴哈的提纲》中，马克思指出：人的本质，在其现实性上是一切社会关系的总和。这并不是给人下定义，而是指出如何去理解人。人总是处于社会关系中的人，而在人的社会关系中，最为根本的是物质生产过程中结成的关系，这是人的生存与发展中首先要依赖的关系。社会关系体现为不同的层面：一是指许多个人的生产中的合作关系；二是以此为基础形成的交往关系；三是社会结构层面的关系网络；四是国家层面的关系结构；然后才是意识以及思想交往关系，而意识正是对人与其环境关系的意识。人与人的关系成为人与自然关系的中介。这也意味着，近代以来以人与自然关系为模型的哲学思维方式，实际上受制于人与人的社会关系这一中介。

从社会发展视角来看，生产力的发展推动着社会历史变迁。在《形态》中，马克思指出，这一矛盾就是生产力与交往形式间冲突。马克思恩格斯结合所有制发展的形式、现代世界的形成等分析来揭示这一矛盾的具体形态。

---

① [德]马克思：《资本论》,中国社会科学出版社1983年,第392页注(26)。

比如他们指出，在现代工业发展和渗透的地方，就会形成大量的生产力，传统的交往方式与生产形式，如行会等就会阻碍生产力的发展，这会导致新的生产力得不到充分利用。现代生产力的发展，在催生出市民社会的同时，也带来了传统家庭和共同体的解体，而现代社会的交往形式与生产力发展之间的矛盾，只有在未来的共同体中才能得到解决。马克思恩格斯也正是在这个意义上，认为资本主义虽然带来了罪恶的后果，但从生产力的发展水平来说，它仍然具有社会历史的合理性。

从马克思思想发展过程来说，自《1844年经济学哲学手稿》中的异化劳动、《评李斯特手稿》中的生产力概念的提出，到《提纲》中寓于历史中的实践观的形成，再到《形态》中的物质生产概念，这既体现了马克思思想发展的连续性，同时将物质生产作为人类历史的基础，并以此作为哲学的前提，又体现出马克思哲学的变革，这是历史唯物主义形成的重要标志。

（二）社会存在决定社会意识

《德意志意识形态》打破了传统哲学理性自律的神话，将意识、思想奠定于以物质生产为基础的社会存在上。这正如马克思恩格斯所说的，"思想、观念、意识的生产最初是直接与人们的物质活动，与人们的物质交往，与现实的生活的语言交织在一起的。人们的想象、思维、精神交往在这里还是人们物质行动的直接产物"。[①]意识在任何时候都只是意识到的存在，在阶级社会里，占统治地位的意识就是统治阶级的意识，因此，如果不联系人们的现实生活过程，而只从人的理性出发来变革现实，这是不可能实现的，青年黑格尔派就陷入到这个困境之中。因此，哲学的批判不仅要实现一种逻辑上的批判，而且要将这种逻辑意义上的理性批判变成来自于社会历史生活的批判，这正是马克思恩格斯超越青年黑格尔派及费尔巴哈的地方。

这意味着，对意识的探讨需要在两个层面来展开：一是意识自身发展的内在逻辑，这正是传统哲学探讨的主要内容。比如在德国古典哲学的发展中，自康德关于物自体

---

① 《马克思恩格斯文集》第1卷，人民出版社2009年，第524页。

与现象的区分后,后来者的一个重要问题就是如何实现两者之间的统一,费希特的自我、谢林关于直观的讨论,都在探讨实现现象与物自体之间的统一。黑格尔关于辩证法的讨论,关于起点与终点同一的思考,同样想在逻辑上解决上述的问题。在黑格尔的讨论中,虽然他将历史看作理性的表演场,但已经意识到两者的统一离不开历史的进程。马克思对德国古典哲学的革命,就在于实现了理性与社会存在关系的颠倒,将社会存在看作理性存在的基础。从这点出发,马克思对意识、理性的探讨有了传统哲学所不具备的特点,即从社会存在的构型与发展过程来探讨意识的存在特点及其内容,这构成了马克思对意识、理性思考的第二个层面内容。在这个层面,马克思关注的是意识、理性与社会存在间的关联。"意识在任何时候都只能是被意识到了的存在,而人们的存在就是他们的现实生活过程。"[①]在阶级社会,占统治地位的意识,必然是占统治地位的阶级的意识。把意识与社会存在割裂开来,并不能真正地透视意识与意识形态之谜。正是在这个意义上,马克思恩格斯说:"道德、宗教、形而上学和其他意识形态,

———
① 《马克思恩格斯文集》第1卷,人民出版社2009年,第525页。

以及与它们相适应的意识形式便不再保留独立性的外观了。它们没有历史，没有发展，而发展着自己的物质生产和物质交往的人们，在改变自己的这个现实的同时也改变着自己的思维和思维的产物。"①

而在此基础上，马克思恩格斯进一步讨论了相对意识独立性的发生过程。随着物质生产的发展，特别是分工的发展，产生了精神劳动与物质劳动的分工，推动着精神的发展，并具有了独立性的外表。这种相对独立性的发生包括三个环节：首先，将进行统治的个人的思想与这个具体的个人分割开来，将思想置于更高的位置，从而承认思想在历史上的统治地位。而相对于个人来说，思想的相对优先性更加证明这种幻觉的真实性。其次，把思想看作内在的自我概念的体系，从而将各种思想从逻辑上论证为一个具有内在秩序的整体。这既保证了思想的统一性，又保证了思想间的差异的合理性。再次，再将特定时期的思想现实化为某个人的思想，这些个体成为代表着思想、概念的人物。就像黑格尔代表了"绝对观念"、费尔巴哈代表了"人"。通过这些环节，意识既获得了独立性，又获得了现

---

① 《马克思恩格斯文集》第1卷，人民出版社2009年，第525页。

实性,人们在现实中的关系便被思想间的关系所取代。"这样一来,就把一切唯物主义的因素从历史上消除了,就可以任凭自己的思辨之马自由奔驰了。"[①]在人们的意识中,不是社会存在决定社会意识,而是意识决定存在。

(三)意识形态的颠倒性源自社会生活本身的颠倒性

社会存在决定社会意识,但这种决定有时并不是直接性的,而是通过复杂的中介表现出来,有时甚至是颠倒地表现出来。在讨论意识形态的存在特征时,马克思恩格斯专门谈到,"如果在意识形态中,人们和他们的关系就象在照相机中一样是倒立呈像的,那么这种现象也是从人们生活的历史过程中产生的,正如物体在视网膜上的倒影是直接从人们生活的生理过程中产生的一样"[②]。也就是说,如果人们的意识对现实的关系是颠倒的,那么这种颠倒性的根源来自于社会生活本身的颠倒和错位。

---
① 《马克思恩格斯文集》第1卷,人民出版社2009年,第554页。
② 《马克思恩格斯文集》第1卷,人民出版社2009年,第525页。

在《德意志意识形态》中，马克思没有对现实社会生活的颠倒进行系统的分析，但在后来的著作中，特别是在《资本论》及其手稿中，对这一问题的讨论非常深入，尤其对资本主义社会存在的自我颠倒进行了较为系统的讨论。随着商品生产与交换的普遍化，商品的使用价值与交换价值、质与量的关系发生了颠倒。就人类存在的一般意义而言，劳动产品最为重要的是其有用性，这种有用性在资本主义商品生产时代即为使用价值，在商品生产与交换普遍化的时代，使用价值成为交换价值的载体，这意味着，交换价值是使用价值存在的根据，或者说，在逻辑关系上，使用价值是由交换价值设定的。也正是由于交换价值的支配性，在商品交换中，商品的质让位于商品的量，量的关系成为衡量商品之间的关系。如果我们考虑到价值是由人的劳动所决定的，那么劳动的质同样让位于劳动的量。物之物性、劳动的质都失去了其本真的意义，量的关系、形式的关系决定着一切，因此，是商品之间的关系决定了人与人之间的关系，人被物的链条所决定，这是商品交换中最深层的结构。在这一关系中，商品交换中基于数的价值估量，成为商品生产与交换的根本原则。这个过程是看不见的，但在日常生活中，它直接影响甚至决定了人们的日常行动与日常意识，在日复一日的活动中，这种意识会沉淀为人们的无意识，就像"世外桃源"的狗镇，表面看来单纯有道德，骨子里早已受到商品交换时代付出与回报应该相称的价值观影响。因此，将人与人的关系归结为物与物的关系，这是由于资本主义社会存在本身决定的。

但商品拜物教的复杂性在于，这个过程是分裂的：一方面，在商品交换过程中，人是以主动的方式出现的，"我"在交换、"我"是否愿意交换似乎成为一切行动的起点，在这里，物与物的关系似乎服从于人与人的关系，服从于主体的意志；另一方面，在这种"主体性"的背后，真实存在的是形式化的结构对人的先验决定，当主体以为按照自己的方式进入市场时，实际上却已经由市场所决定，因此，把人与人的关系归结为物与物的关系，这又是一种直观意识，即在社会生活本身发生颠倒后，对已经颠倒了当下进行直观的反映。由于行动者在表面上是"主体"，这决定了对这种直观意识的批判同时会成为主体意识的重要内容。把人下降为物，这引起了许多哲学家的批判，比如费尔巴哈。费尔巴哈通过宗教异化批判，强调以人的类本质批判现实生活中人的异化。表面看起来，这是对拜物教意识的批评，但正如马克思恩格斯已经批评过的，以人的类本质为内核的人本主义，说到底同样只是对现实不作科学分析后的无用的感叹，这同样是对社会生活的直观，或者说是直观的二次方，所以在《德意志意识形态》中，马克思恩格斯批判费尔巴哈时，从哲学方法论上来说，针对的正是其直观的唯物主义，这种直观的唯物主义在强调"爱"的社会主义思潮中得到了进一步的表现。拜物教不仅意味着在无意识层面将人与人的关系归结为物与物的关系，更为重要的是，这种拜物教在观念层面具有一种悖论式的意识，即对这种物化的关系进行直观的批判，在这种批判中，或以形成各种各样的思潮，或者是封建而反动的、或者是小资产阶级的、或者是对拜物教意识进行哲学重构的，对这些意识进行深入的反思，这才是现代社会意识形态批判中需要深入的问题。

（四）分工与社会发展

在《形态》中，当马克思讨论社会发展与社会存在的结构性转型时，他更多是从分工出发来进行探讨的。

马克思对分工的理解，随着哲学构架的改变而改变。在《1844年经济学哲学手稿》中，马克思从人的类本质及其异化的视角来讨论分工，认为分工是人的类活动的异化。"因为劳动只是人的活动在外化范围内的表现，只是作为生命外化的生命表现，所以分工也无非是人的活动作为真正类活动或作为类存在物的人的活动的异化的、外化的设定。"①从这一总体视角出发，马克思将政治学家关于分工的讨论概括如下：分工是财富生产的一个重要动力，分工给劳动以无限的能力；分工同资本的积累相互制约；交换源自人的本性，并推动着分工的发展；分工使个人活动日益贫乏。

在《德意志意识形态》中，马克思在新的哲学地平上来讨论分工。相比于《1844年经济学哲学手稿》从人的类本质出发的思路，此时的马克思更关注社会历史的现实展开过程，从现实的物质生产及其对社会历史的推动作用出发来理解分工。在这一新的视域中，马克思从两个层面展开对分工的探讨：一是从社会分工出发来理解社会历史的变迁以及所有制的发展进程，二是将分工作为批判资本主

---

① 《马克思恩格斯文集》第1卷，人民出版社2009年，第237页。

义社会的重要话语。对分工的新的理解，体现了马克思哲学逻辑的内在转变。

一方面，马克思恩格斯以分工与生产力的发展为基础来解释社会历史结构的内在关系和社会历史发展的进程。在第一章的第一手稿中，马克思恩格斯建立了以物质生产为基础的社会历史解释构架，强调分工与社会发展的内在关系。在这一框架中，首先进入马克思视野的是自然分工，只有当精神劳动与物质劳动相分离时，才会产生相对独立的精神活动，并产生了统治阶级的意识形态。这是从社会结构层面来讨论分工的意义。在第四手稿中，马克思从分工的发展来讨论三种所有制的变迁，即部落所有制、公社所有制和国家所有制、封建的或等级的所有制的变迁。在第三手稿中，马克思关于分工与社会结构、分工与所有制发展的讨论更加具体了。在他看来，物质劳动与精神劳动的最大的一次分工，就是城市与乡村的分离，这也是农业劳动与工商业劳动的分工与对立。以分工为线索，马克思具体指出了城市的形成，行会的产生，以及资本在城市中的自然形成，商业的发展，最后是工场手工业的产生，工场手工业直接催生出现代资本主义社会。在这个过程中，形成了私有制，产生了特殊利益和共同利益的对立，从这种利益对立中产生了阶级对立，并形成了体现共同体利益的虚幻物，即国家。这也表明，国家并不是共同体利益的真正体现，"国家内部的一切斗争——民主政体、贵族政体和君主政体相互之间的斗争，争取选举权的斗争等等，不过是一些虚幻的形式"①。

另一方面，马克思恩格斯把分工看作私有制的另一种形式，从而以分工为基础展开对当下社会的批判，把分工看作自主活动的异化形式。首先，分工导致了社会的不平等。比如在家庭分工中，就会产生丈夫对妻子和儿女的统治和奴役，由分工导致的私有制更是一种不平等的统治。其次，分工使劳动成为一种分离的形式，不只是资本主义社会，凡是存在着劳动分工的社会制度，劳动本身就是一种分离的存在，在资本主义社会，更是如此。再次，分工形成的社会力量，在现有的社会制度中，对个人来说成为某种异己的、在他们之外的强制力量。实际上，这种异己力量不仅体现为社会力量对个人来说是异化的，个人自身的力量对个人来说也是外在的、强制性的力量。这是一种更为深层的异化，正是对这种异化的痛恨，马克思提出了

---

① 《马克思恩格斯文集》第1卷，人民出版社2009年，第36页。

要消灭劳动的口号,并以未来共同体中人的自主活动来替代当前社会中的劳动分工。

与分工相对立的就是"自主活动",这是《形态》中的一个重要概念。马克思恩格斯认为,在当下社会,劳动与自主活动相对立,或者说劳动是自主活动的否定性形式。为了改变劳动的这种"异化"状态,必须实现各个人对现有生产力总和的占有,只有在此基础上,才能真正发挥人的才能。这种占有只有通过工人阶级间的联合以及革命才能实现。在生产力高度发达的基础上,特别是在无产阶级对生产力总和的基础上,自主活动才能与物质生活一致起来,实现从劳动向自主活动的转变。

当然,此时的马克思还没有像后来那样,对社会分工与工厂内部的分工进行区分,更没有像在《资本论》中那样,将分工与剩余价值的生产联系起来,从而将协作看作是资本主义生产的起点,而不像这里将分工看作社会变迁的重要起点。在一定的意义上可以说,将分工看作劳动的重要形式,这是斯密的理论基础,在《德意志意识形态》中,马克思以分工作为理解社会历史发展的重要起点,这意味着马克思的政治经济学批判还没有成型,他的历史唯物主义还受到斯密的影响。

（五）生产力、世界历史与共产主义社会的物质基础与重要条件

自主活动的实现，有赖于现实的基础，这种基础就是生产力的发展与社会物质资料的丰富。只有在生产劳动得到极大发展的地方，才能为人的自由而全面的发展和个性的实现提供现实的条件。

在《德意志意识形态》中，马克思指出：生产力的发展是人的世界历史性存在的客观条件，也是共产主义实现的物质条件。"生产力的这种发展（随着这种发展，人们世界历史性的而不是地域性的存在同时已经是经验的存在了）之所以是绝对必需的实际前提，还因为如果没有这种发展，那就只会有贫穷、极端穷困的普遍化；而在极端贫困的情况下，必须重新开始争取必需品的斗争，全部陈腐污浊的东西又要死灰复燃。其次，生产力的这种发展之所以是绝对必需的实际前提，还因为：只有随着生产力的这种普遍发展，人们的普遍交往才能建立起来。"[①]即使在资本主义社会生产劳动发生异化的情况下，其物质生产过程

---

① 《马克思恩格斯文集》第1卷，人民出版社2009年，第538页。

仍然具有人类学的意义。"因此，如果说以资本为基础的生产，一方面创造出普遍的产业劳动，即剩余劳动，创造价值的劳动，那么，另一方面也创造出一个普遍利用自然属性和人的属性的体系，创造出一个普遍有用性的体系，甚至科学也同一切物质的和精神的属性一样，表现为这个普遍有用性体系的体现者，而在这个社会生产和交换的范围之外，再也没有什么东西表现为自在的更高的东西，表现为自为的合理的东西。因此，只有资本才创造出资产阶级社会，并创造出社会成员对自然界和社会联系本身的普遍占有。由此产生了资本的伟大的文明作用；它创造了这样一个社会阶段，与这个社会阶段相比，一切以前的社会阶段都只表现为人类的地方性发展和对自然的崇拜。只有在资本主义制度下自然界才真正是人的对象，真正是有用物；它不再被认为是自为的力量；而对自然界的独立规律的理论认识本身不过表现为狡猾，其目的是使自然界（不管是作为消费品，还是作为生产资料）服从于人的需要。资本按照自己的这种趋势，既要克服把自然神化的现象，克服流传下来的、在一定界限内闭关自守地满足于现有需要和重复旧生产方式的状况，又要克服民族界限和民族偏见。资本破坏这一切并使之不断革命化，摧毁一切阻碍发展生产力、扩大需要、使生产多样化、利用和交换自然力量和精神力量的限制。"①这正是从一般物质生产逻辑视野中的资本主义生产方式的意义。正是在这个意义上,资本主义社会为人的未来发展提供了重要的条件。

物质生产的发展,不仅为人的自由发展提供了直接的物质前提,而且创造出人自由发展的时间与空间。在马克思看来,正是生产劳动的创造性把时间引入到世界中。"劳动是活的、造形的火;是物的易逝性,物的暂时性,这种易逝性和暂时性表现为这些物通过活的时间而被赋予形式。"②特别是在现代物质生产力高度发展的情况下,人们用于获得生活必需品的劳动时间越来越短,用于发展自身其他能力的时间随之会越来越多,对这一时间的占有就是人的自由发展的重要条件。马克思指出:随着资本主义的发展,"生产力的增长再也不能被占有他人的剩余劳动所束缚了,工人群众自己应当占有自己的剩余劳动。当他们已经这样做的时候——这样一来,可以自由支配的时间就不再是对立的存在物了——那时,一方面,社会的个人的需要将成为必要劳动时间的尺度,另一方面,社会生产

---

① 《马克思恩格斯全集》第30卷,人民出版社1997年,第389—390页。
② 《马克思恩格斯全集》第30卷,人民出版社1997年,第329页。

力的发展将如此迅速,以致尽管生产将以所有的人富裕为目的,所有的人的可以自由支配的时间还会增加。因为真正的财富就是所有个人的发达的生产力。那时,财富的尺度决不再是劳动时间,而是可以自由支配的时间。"①不仅在时间上是这样,在空间上也是这样。正是现代生产力的发展,推动历史向世界历史转变,人们才能摆脱空间的限制,从地域性的存在中脱离出来,成为世界历史性的个人。

总之,马克思恩格斯认为,只有在生产力充分发展的基础上才能实现历史向世界历史转变,为共产主义社会提供物质条件。首先,只有生产力的高度发展,人类才能摆脱贫困化,只要人类还处于这种贫困化的状态,就无法摆脱争取必需品的斗争,也就谈不上人的自由而全面的发展;其次,只有生产力的高度发展,才能建立起人们之间的普遍交往,没有这种普遍交往,生产力的发展无法得到有效的保存,人们之间也无法建立普遍联系;最后,没有生产力的高度发展,无法推动世界向世界历史转变,使地域性的个人成为世界历史性的、经验上普遍的个人。"不

---

① 《马克思恩格斯全集》第31卷,人民出版社1998年,第104页。

这样，(1) 共产主义就只能作为某种地域性的东西而存在；(2) 交往的力量本身就不可能发展成为一种普遍的因而是不堪忍受的力量；它们会仍然处于地方的、笼罩着迷信气氛的'状态'；(3) 交往的任何扩大都会消灭地域性的共产主义。"①也正是这个意义上，马克思恩格斯认为，共产主义只有世界范围内同时发生行动时，才是可能的，生产力的普遍发展是共产主义的前提条件。马克思恩格斯的这些论述，揭示了历史唯物主义的基本理念与科学社会主义之间的内在关系，展现出与当时德国流行的"真正的社会主义"的重要理论分野。

（六）共产主义是改变现实的革命运动

马克思恩格斯强调："对实践的唯物主义者即共产主义者来说，全部问题都在于使现存世界革命化，实际地反对并改变现存的事物。"②美文学的夸张与说教，看起来是非常激进的共产主义，实际上却是以一种观念的社会主义

---

① 《马克思恩格斯文集》第1卷，人民出版社2009年，第538页。
② 《马克思恩格斯文集》第1卷，人民出版社2009年，第527页。

取代现实的社会主义,以一种认同现实的共产主义者的观念替代改变世界的共产主义者。在谈到1845年第2期《维德干季刊》上费尔巴哈的《因〈唯一者及其所有物〉而论〈基督教本质〉》一文时,马克思指出:费尔巴哈把共产主义变成人的谓词,从而将共产主义变为一个空洞的范畴。费尔巴哈从人的类本质出发所做的关于人与人之间关系的评论,无非证明了"人们是互相需要的,而且过去一直是互相需要的。他希望确立对这一事实的理解,也就是说,和其他的理论家一样,他只是希望确立对现存的事实的正确理解,然而一个真正的共产主义者的任务却在于推翻这种现存的东西"①。

生产力的发展是共产主义的现实前提,也是实现自主活动的现实前提,各个人只有占有发展了的生产力的总和,才可能实现真正的自主活动,但这种占有只有通过无产阶级的联合才能实现,在私有制占主导地位的历史情境中,这种占有只有通过革命才能实现,"在革命中,一方面迄今为止的生产方式和交往方式的权力以及社会结构的权力被打倒,另一方面无产阶级的普遍性质以及无产阶级

---

① 《马克思恩格斯文集》第1卷,人民出版社2009年,第548—549页。

为实现这种占有所必需的能力得到发展,同时无产阶级将抛弃它迄今为止的社会地位遗留给它的一切东西"①。从这些表述中可以看出,马克思所说的共产主义与当时德国流行的"真正的社会主义"的根本区别。

在未来共产主义社会,才能建构一个新的共同体,即与当下社会虚幻的共同体相区别的真正的共同体,实现个人的自由而全面的发展。相比于现有的共同体,这一新的共同体具有如下特征:(1)它是个人的一种联系,以生产力的发展为前提,个体与成员把影响自己自由发展和运动的条件置于控制之下,摆脱因分工造成的物的力量的支配地位;(2)这种共同体自觉地把前人的创造,看作自己发展的前提,这是一种自觉的意识;(3)在这个共同体中,个体是有个性的个人,即摆脱了偶然性支配的个人,自主活动正是在这个意义上才是可能的;(4)在新的共同体中,个人的发展与其他人的发展相互关联,相互促进,"各个人在自己的联合中并通过这种联合获得自己的自由"②。

---

① 《马克思恩格斯文集》第1卷,人民出版社2009年,第581页。
② 《马克思恩格斯文集》第1卷,人民出版社2009年,第571页。

（七）"真正的社会主义"是一种虚幻的说教

《德意志意识形态》的第二卷，集中批判了"真正的社会主义"，与共产主义是实践的革命运动相比，"真正的社会主义"就是一种虚幻的说教。

1844年下半年"真正的社会主义"开始出现，1845—1846年这一流派开始形成，拥有《社会明镜》《德国公民手册》《特利尔日报》《莱茵年鉴》《新轶文集》等报刊与文件。在西里西亚工人起义之后，《特利尔日报》发表了一系列文章，认为这次起义是一种粗俗的共产主义的起义，并不能为新的社会奠定基础。针对无产阶级的起义，一些知识分子开始强调"真正的社会主义"，格律恩、赫斯等是这一思潮的重要代表。苏联学者康捷尔认为，真正的社会主义具有如下主要特征：第一，不要政治活动，不要进行争取民主自由的斗争。第二，从反动的庸人立场出发来批评自由派。第三，强调以爱和博爱取代自私、自利。比如格律恩认为，德国的社会主义产生于哲学，特别是费尔巴哈的哲学，他认为费尔巴哈的类概念已经完全解开了未来之谜，只要把这些原理付诸现实，就可以实现社会主义。赫斯则写道："彼此相爱，在心灵中寻求一致吧，这样，你们就会在自己的心中拥有一种长久以来徒然地到自身之外，到上帝那里寻找的幸福感。"①第四，拒绝坚决的革命斗争，代之以和睦博爱的伦理学说教。第五，把模糊不清的世界主义同独特的民族主义结合起来，比如一方面认为克服民族性是一种偏见，另一方面又认为德国人从未追求过自私的民族利益。第六，认为德国可以避免某一经济发展阶段。②

马克思恩格斯一开始就不同意"真正的社会主义"的思想。在《傅立叶论商业》及《在伦敦举行的各族人民庆祝大会》等文章中，恩格斯就批评了德国一批投机知识分子把共产主义庸俗化的倾向，批评他们以温情脉脉的伦理说教取代革命的实践的错误。《反克利盖通告》与《德意志意识形态》则体现了他们对"真正的社会主义"的彻底批判。从哲学基础来说，"真正的社会主义"是以费尔巴哈的类哲学为基础的，强调人与人之间的爱是社会主义的本质。在《关于费尔巴哈的提纲》和《德意志意识形态》

---

① 转引于[苏]康捷尔:《马克思恩格斯与哲学共产主义和真正的社会主义》，载《马克思主义研究资料》第19卷，中央编译出版社2015年，第142页。
② [苏]康捷尔:《马克思恩格斯与哲学共产主义和真正的社会主义》，载《马克思主义研究资料》第19卷，中央编译出版社2015年，第109—150页。

第一章，马克思恩格斯对费尔巴哈哲学进行了根本的批判，并以历史唯物主义的基本原理作为自己论述问题的基础，这也是他们批判"真正的社会主义"的思想基础。

从哲学上来说，"真正的社会主义"从总体上强调人的自由自觉的类本质是社会主义的基础，为了论述这一理论，"真正的社会主义"从下述观念出发：首先，把自然界看作一切生命的基础，"把自觉的生命同不自觉的单个的生命相对立，把人类社会同自然界的普遍的生命相对立"①。把人的自然性的本质置于理论的基础位置，马克思称之为"第一块建筑基石"。其次，将个别性与普遍性对立起来，即把个体生命与普遍性的生命对立起来，从而将个人本身分裂为特殊的本性与普遍的本性，"从普遍的本性引伸出'人类平等'和共同性"②。这样，一切人所共的关系就成为人的类本质的产物。这是"第二块建筑基石"。如果说在第一块建筑基石中，个体与社会相对立，后者压制前者的话，那么，在第二块建筑基石中，逻辑发生了倒转，即人的类本质与个体的现实存在相对立，即现实的个体表现为人的类本质的异化。再次，从上述的对立

---

① 《马克思恩格斯全集》第3卷，人民出版社1960年，第560页。
② 《马克思恩格斯全集》第3卷，人民出版社1960年，第566页。

出发,"真正的社会主义"把"劳动"看作人的类本质的表现形式,从而将劳动理解为人的一切自觉的活动。在这些论述中,"真正的社会主义"都从抽象的人的本质出发,没有看到人与自然之间的对立、个别性与普遍性之间的对立、人的自由自觉的本质活动等是历史发展的产物,而不是先验的自然规定,从而将社会主义变为"爱"的宣言,夸张的美文学。空谈"人"的类本质、纯粹的人并将之作为历史的最终目的,将现实社会只看作人的类本质的异化,从而使共产主义运动成为空谈。

三、《德意志意识形态》在马克思主义哲学发展史中的地位

《德意志意识形态》是体现马克思恩格斯哲学思想变革的标志性文本,也是马克思恩格斯清算自身信仰的重要著作。从马克思主义哲学发展史来看,对于这一文本,既要充分估量其革命性的意义,同时也要结合马克思哲学思想发展的总体过程,给予清晰的定位,以便更为深入地理解马克思的哲学。

(一)《德意志意识形态》与马克思的哲学革命

如果以《提纲》和《形态》为界,1845年前青年马克思思想发展过程大致可以划分为两个重要的阶段:一是《博士论文》和《莱茵报》时期,受鲍威尔自我意识思想

的影响，从理性的自我意识出发面对理论与现实问题。从理论建构层面来说，马克思以自我意识学说为基础，探讨伊壁鸠鲁与德谟克利特原子论的差异，强调理性自由，特别是个人的理性自由。从现实批判层面来说，这种自由的理性意识成为马克思评论普鲁士书报检查令、林木盗窃案以及地产析分案的理论基础。在林木盗窃案及地产析分案中，马克思遇到了对物质利益发表意见的难事。本该从理性出发的国家，在现实中沦落为私人利益的工具，这使马克思意识到黑格尔的国家理性与鲍威尔的自我意识，都不足以面对当时的问题。随着1843年夏天克罗茨纳赫时期对历史的研究，马克思开始意识到在现实历史中，是市民社会决定所有制形式，决定着国家，黑格尔哲学中国家与市民社会的关系问题在马克思这里发生了倒置，费尔巴哈关于黑格尔哲学主词与宾词倒置的批判，正好契合马克思此时的哲学理念。正是在这样的思想进程中，费尔巴哈的影响日益明显，青年马克思进入思想发展的第二个阶段，即从1843年夏到1845、1846年时期，这也是马克思哲学思想发生急剧变革的时期。在这个阶段，马克思和黑格尔、费尔巴哈及青年黑格尔派人员的关系较为复杂，更为重要的是，他不仅在哲学与这些思想家打交道，而且随着政治经济学研究的深入和社会主义思潮的影响，马克思面临着如何从基础理论层面实现上述不同领域问题的内在沟通，从而真正建构出自己的理论构架。

在《黑格尔法哲学批判》以及随后的《论犹太人问题》、《黑格尔法哲学批判导言》中，马克思以费尔巴哈的"类本质"思想为基础，以人的解放为理论指向，对市民社会中人的异化状态展开批判。在《黑格尔法哲学批判》中，马克思强调是市民社会决定国家，而不是国家决定市民社会。政治国家是从家庭与市民社会中产生出来的，但黑格尔从国家理性出发，将家庭与市民社会看作国家理性的表现，看作国家的国家理性存在的结果。这是市民社会与国家关系的颠倒，需要以费尔巴哈的方式重新颠倒过来。"家庭和市民社会都是国家的前提，它们才是真正活动着的；而在思辨的思维中这一切却是颠倒的。"[①]如果市民社会决定国家，就需要对市民社会进行具体的分析。马克思认为，市民社会是一个利己主义的战场，从费尔巴哈的人本学出发，马克思认为这是人的类本质的异化。"如果在阐述家庭、市民社会、国家等等时把人的这些社会存

---

① 《马克思恩格斯全集》第3卷，人民出版社2002年，第10页。

在方式看作人的本质的实现，看作人的本质的客体化，那么家庭等等就表现为主体所固有的特质。人始终是这一切实体性东西的本质，但这些实体性东西也表现为人的现实普遍性，因而也就是一切人共有的东西。"①将人从这种异化状态中解放出来，成为马克思此时的理论指向。

在《论犹太人问题》以及《黑格尔法哲学批判导言》中，马克思指出，鲍威尔关于犹太人宗教解放的思想，说到底是将人变成市民社会中的人，即资产阶级人权意义上的公民，而"任何一种所谓的人权都没有超出利己主义的人，没有超出作为市民社会成员的人，即没有超出封闭于自身、封闭于自己的私人利益和自己的私人任意行为、脱离共同体的个人。在这些权利中，人绝对不是类存在物，相反，类生活本身，即社会，显现为诸体的外部框架，显现为他们原有的独立性的限制"②。受私人利益的影响，个体处于原子式的存在状态。因此，宗教解放并不是人的根本解放，人的解放就是要回到人本身，而要实现这个解放，无产阶级的革命则是重要的途径。在这个讨论中，虽然马克思在运用费尔巴哈的人本学思想，但他关于市民社

---

① 《马克思恩格斯全集》第3卷，人民出版社2002年，第51—52页。
② 《马克思恩格斯文集》第1卷，人民出版社2009年，第42页。

会的讨论，明显有着黑格尔的痕迹。在《法哲学原理》中，黑格尔在讨论市民社会时就认为，市民社会中的个体以自己的利益为目的，把他人看作实现自己利益的中介，这种利己性的原子式个人，是市民社会中个体存在的状态。[①]这也表明，马克思此时虽然受到费尔巴哈哲学的重要影响，但他并不是费尔巴哈的简单追随者。而从无产阶级出发来探讨人的解放问题，则表明共产主义思潮已经直接影响到马克思的哲学建构。但从另一个视角来看，正如马克思后来在《政治经济学批判》"序言"中所说的，对市民社会的分析需要借助于政治经济学才能完成。而在此时，马克思并没有真正进入经济学的研究，反而恩格斯的《政治经济学批判大纲》先于马克思开始了政治经济学的批判性考察。

　　在黑格尔与费尔巴哈之间的这种张力中，马克思在探寻着自己的思想之路。《1844年经济学哲学手稿》是马克思第一次将哲学、政治经济学批判与各种共产主义思潮批判融为一体的理论尝试。虽然从哲学基础来说，马克思强调费尔巴哈的奠基性作用，如在《序言》中，马克思说：

---

① ［德］黑格尔：《法哲学原理》，范扬、张企泰译，商务印书馆1961年，第197页。

"对国民经济学的批判,以及整个实证的批判,全靠费尔巴哈的发现给它打下真正的基础。"[1]但马克思从来没有成为费尔巴哈主义者。在第一章中,马克思虽然以费尔巴哈的类本质作为自己论述的价值指向,但在具体展开中,马克思以异化劳动理论作为逻辑的构架,从而将费尔巴哈式的人本学批判引向了市民社会的异化劳动批判,这是哲学与经济学的重要结合点,也是论述人的解放的新的内涵。但这一逻辑建立在人本学的"应该"基础上,并没有超越康德意义上的伦理学的设定。实际上,在当时思想发展领先于马克思,并从货币异化批判入手的赫斯,当他从人的本质出发来面对现实时,就是以康德作为自己的理论依据的。赫斯从"自由自觉的活动"出发认为:"精神的自由行动,是现代一切企图出发和归宿的核心。因此,有必要去研究它的规律、组织和后果。自由行动的基础,就是斯宾诺莎的伦理学,而现在的行动的哲学将只是这个伦理学的一个新发展。费希特为这个演进奠定了第一块基石;但德国哲学本身并未能摆脱唯心主义。为了实现社会主义,在德国对于旧的社会组织还理应有一个康德,正如在思想

---

[1] 《马克思恩格斯文集》第1卷,人民出版社2009年,第112页。

方面它曾经有一个康德那样。"①"自由就是道德，因而就是生命规律和精神活动的完成以及对这一事实的明显意识；因此，这不是通过自然的必然性或者自然的偶然性，像以往任何创造物的生活中发生的那样，而是自我决定。"②马克思的异化劳动理论，从总体上来说，并没有超出这一水平。

但《1844年经济学哲学手稿》并不是一个逻辑完整的文本，在这一文本中，一方面存在着从"应该"出发的价值批判，另一方面，也存在着从现实历史出发的哲学思考。在第三手稿插入的"对黑格尔的辩证法和整个哲学的批判"一文中，马克思实际上是在以黑格尔的哲学反思自己的哲学前提，即费尔巴哈哲学。在这篇文献中，一个重要的特点是：马克思从哲学上理解了黑格尔哲学的政治经济学基础。"黑格尔的《现象学》及其最后成果——辩证法，作为推动原则和创造原则的否定性——的伟大之处首先在于，黑格尔把人的自我产生看作一个过程，把对象化看作非对象化，看作外化和这种外化的扬弃；可见，他抓住了劳动的本质，把对象性的人、现实的因而是真正的人

---

① 《马恩列斯研究资料汇编》，书目文献出版社1981年，第442页。
② 《马恩列斯研究资料汇编》，书目文献出版社1981年，第445页。

理解为他自己的劳动的结果。"①这意味着,要真正理解人的异化,黑格尔比费尔巴哈更有借鉴意义。②马克思通过对政治经济学的批判分析,开始深入到市民社会的批判分析中,这是费尔巴哈无法提供的,而黑格尔在一定意义上则提供了一种哲学的参考,特别是黑格尔哲学中非常强烈的历史与现实感,这是马克思能够跳出费尔巴哈哲学的重要基础。在这里,类本质的异化批判理论与现实劳动本身对人的生成和影响的理论同时存在,这构成了《1844年经济学哲学手稿》的深层结构。可以说,《1844年经济学哲学手稿》是一种双重的批判:在初步进入政治经济学领域之后,马克思一方面以费尔巴哈来批判黑格尔哲学,以求获得批判市民社会的哲学基础,并以此统摄政治经济学研究与共产主义思潮;另一方面,马克思以黑格尔哲学重新考察费尔巴哈的类哲学,以便自己的思考真正地深入到社会历史中。

在《神圣家族》中,马克思恩格斯对鲍威尔的哲学批判则体现出他们在对历史理解上的重要进展。在这个批判

---

① 《马克思恩格斯全集》第3卷,人民出版社2002年,第319—320页。
② 参阅仰海峰:《形而上学批判——马克思哲学的理论前提及当代效应》,江苏人民出版社2006年,第1章第4节。

中：一方面揭示思辨哲学的逻辑结构；一方面则试图揭示思辨哲学的社会基础。针对鲍威尔等人以抽象的"自我意识"、"精神"取代现实的个人的做法，马克思质问道："难道批判的批判认为，只要它从历史运动排除掉人对自然的理论关系和实践关系，排除掉自然科学和工业，它就能达到即使是才开始的对历史现实的认识吗？难道批判的批判认为，它不去认识（比如说）某一历史时期的工业和生活本身的直接的生产方式，它就能真正地认识这个历史时期吗？"①对社会历史的重视，使马克思从费尔巴哈意义上的作为类的人转向现实的个人，并开始从人的物质性存在来理解现实的个人。"实物是为人的存在，是人的实物存在，同时也就是人为他人的定在，是他对他人的人的关系，是人对人的社会关系。"②因此，人的异化是一种历史性的存在状态，人的思想也受到历史性的约束。"思想从来也不能超出旧世界秩序的范围：在任何情况下它都只能使我们超出旧世界秩序的思想范围。思想根本不能实现什么东西。为了实现思想，就要有使用实践力量的人。"③

---

① 《马克思恩格斯全集》第2卷，人民出版社1957年，第191页。
② 《马克思恩格斯全集》第2卷，人民出版社1957年，第52页。
③ 《马克思恩格斯全集》第2卷，人民出版社1957年，第152页。

在《评弗雷德里希·李斯特的〈政治经济学的国民体系〉》中，虽然马克思在思想总体逻辑上还处于人本学的影响下，但他从工业实践与人的解放视角出发，提出了要消灭劳动的主张，《1844年经济学哲学手稿》中的异化劳动理论被消灭劳动的理论所取代，工业的历史意义开始得到现实的审视。马克思指出：仅从人的生存意义以及劳动异化的视角来看待工业是不够的，"如果这样看待工业，那就撇开了当前工业从事活动的、工业作为工业所处的环境；那就不是处身于工业时代之中，而是在它之上；那就不是按照工业目前对人来说是什么，而是按照现在的人对人类历史来说是什么，即历史地说他是什么来看待工业；所认识的就不是工业本身，而是它现在的存在，倒不如说是工业意识不到的并违反工业的意志而存在于工业之中的力量，这种力量消灭工业并为人的生存奠定基础"。[①]在这里，《1844年经济学哲学手稿》中类本质与现实历史的双重逻辑，得到了充分的展现。

从上述的进程可以看出，马克思恩格斯在不断地批判费尔巴哈、鲍威尔，并力图从理论前提上将自己与他们区

---

① 《马克思恩格斯全集》第42卷，人民出版社1979年，第249页。

别开来，施蒂纳的《唯一者及其所有物》的出版，加之《维德干季刊》中一些文章或者将马克思看作费尔巴哈等人的追随者，或者认为鲍威尔的理论是马克思恩格斯所没有理解和达到的，或者认为施蒂纳的思想才是费尔巴哈哲学的彻底批判者等这些方面论，马克思恩格斯才决定写作《德意志意识形态》，一方面需要批判地考察德国的思想界，另一方面也需要清理自己的哲学地平。在这部著作中，马克思打破了传统哲学从精神、类本质、自我意识、绝对观念、唯一者等思想观念出发的哲学思考方式，从而将现实的逻辑充分展现出来。在《德意志意识形态》中，马克思一开始就谈到青年黑格尔派离开现实空谈思想的错误，进而认为：（1）人类社会存在的第一个前提是物质生产，这是人和动物的根本区别，否定了过去思想家以思想作为人和动物区别的根本尺度。（2）思想、观念、意识都是人们物质生产的结果，"人们的想象、思维、精神交往在这里还是人们物质行动的直接产物。表现在某一民族的政治、法律、道德、宗教、形而上学等的语言中的精神生产也是这样"[①]。语言也是从人们的物质生产中发展而来

[①]《马克思恩格斯文集》第1卷，人民出版社2009年，第524页。

的。(3)任何意识都是对现实关系的表现,"意识在任何时候都只能是被意识到了的存在,而人们的存在就是他们的现实生活过程",意识的独立性发展源自于社会分工的发展。(4)在资产阶级社会,意识之所以出现于独立王国中,根本的原因在于市民社会的原子式个人主义特征,便以一种虚幻的共同体的形式表现出来,黑格尔的绝对理性就是这种思想的集大成者。

有了这样的思想基础,马克思对他的新历史观做了一个简要的阐述:"由此可见,这种历史观就在于:从直接的物质生产出发阐述现实的生产过程,把同这种生产方式相联系的、它所产生的交往形式即各个不同阶段上的市民社会理解为整个历史的基础,从市民社会作为国家的活动描述市民社会,同时从市民社会出发阐明意识的所有各种不同理论的产物和形式,如宗教、哲学、道德等等,而且追溯它们产生的过程。"[①]对于这一概括,在传统思路中,仅仅从字面上将之理解为生产力决定生产关系,生产关系决定上层建筑等,当然这是马克思哲学中的应有之义,但如果仅停留在这一层面,是远远无法把握马克思哲学的深

---

① 《马克思恩格斯文集》第1卷,人民出版社2009年,第544页。

刻寓意的。联系我们刚才的解读，马克思在这里通过把思想、语言置于社会物质生产的基础上，实际上是打破了旧哲学中的思想中心论，从而也就扬弃了早期从"应该"出发的哲学批判，这是哲学思路的一次重大转换，也是当代哲学的一个重要转折点。马克思在此时意识到，如果仅从"应该"出发来批判资本主义社会，第一，由于这一思想是从资本主义社会中生长出来的，其本身就是资本主义社会的意识形态，其概念本身就是非批判的；第二，以这样一些非批判的概念来批判资本主义社会，最多只能像青年黑格尔派那样，只是完成了对资本主义社会的另一种解释。《德意志意识形态》的意义就在于，马克思实现了对近代以来的理性形而上学的批判，为自己的哲学奠定了新的基础，也正是在这个意义上，《德意志意识形态》体现了马克思哲学的变革。

(二)《德意志意识形态》的再定位

对于《德意志意识形态》在马克思恩格斯思想发展过程中的地位，国内外学术界有一些基本的共识，即大多强调马克思恩格斯在这本著作中实现了哲学变革,即将哲学从理性思辨中解放出来,创立了成熟的历史唯物主义理论,为共产主义提供了科学的哲学基础。比如在《马克思恩格斯全集》英文版第5卷中,编者们就指出:"正是在《德意志意识形态》里,唯物主义历史观,即历史唯物主义第一次被作为完整的理论来阐述。"[1]德国学者雷纳特·梅尔克尔认为:"《德意志意识形态》是科学社会主义观发展中的一个重要里程碑。因为,随着唯物主义历史观的制定(在该著作的第一章里有对这种历史观的比较完整的初步阐述),关于无剥削社会及其建立的观念也获得了具有新质的科学基础。"[2]阿尔都塞更为激进地指出:马克思在《德意志意识形态》中实现了"认识论断裂",即从早期的人本主义意识形态转向了科学的历史理论。

一般认为,《德意志意识形态》中确立了历史唯物主义的基本原理,在马克思后来的思想发展中,需要做的是将这些原理运用于资本主义社会的批判分析,并与工人运动结合起来。与工人运动相结合尤其体现在《路易·波拿巴的雾月十八日》《1848—1850年法兰西的阶级斗争》以

---

[1] 《马克思主义研究资料》第1卷,中央编译出版社2014年,第456页。
[2] 《马克思主义研究资料》第1卷,中央编译出版社2014年,第471页。

及《法兰西内战》等著作中；在将历史唯物主义运用于经济分析上，《资本论》及其手稿则是重要的理论成果。从最近的研究来看，将《资本论》看作《德意志意识形态》中历史唯物主义原理推广应用的结果这一论断得到重新审视，这也意味着，《德意志意识形态》的地位也需要再思考。

在《德意志意识形态》中，马克思确立了对物质生产为基础的历史唯物主义基本原则，对社会历史发展过程进行了科学的论述。与过去哲学将社会历史看作理性的外在化不同，马克思在思想史上第一次从物质生产出发来解释社会历史的存在与发展过程。在具体的讨论中，马克思一方面讨论了物质生产的社会结构意义，另一方面讨论了生产力与交往关系的矛盾，并以这一矛盾来解释封建社会向资本主义社会的变迁。从生产力发展出发的解释带有一般人类学的意义，即强调生产力发展是人类历史的存在与发展的前提与基础。虽然在资本主义社会，也存在着物质生产，但这并不意味着，这种人类学意义上的物质生产理论出发可以得出《资本论》的结论。从物质生产出发来解释资本主义社会的经济过程。在《资本论》讨论绝对剩余价值的生产过程时，马克思先从一般物质生产过程的视角来讨论资本主义生产，对物质生产的具体要素即劳动者、劳动资料与劳动对象进行了具体的分析，但马克思很快指出：这样的生产劳动概念用来解释资本主义社会，是绝对不够的。①在这种讨论中，关注的是一般物质生产过程中的要素，生产的目的是产品的使用价值，这是抽离了一切社会规定性的物质生产，在传统教科书中，也是从这样的角度来界定物质生产过程的。这样的物质生产概念在李嘉图社会主义者那里已经存在。在约翰·勃雷看来，一个社会中的人们要想生活得安逸和快乐，必须具备三个条件：即必须要有劳动；必须要有过去劳动的积累，或资本；必须要有交换。②要劳动就必须有劳动资料与劳动对象这些物质性的实体，在他看来，资本就是劳动资料和劳动对象，"我们都知道积累就是过去劳动的产物而尚未消费掉的——无论房屋，机器，船舶，以及其他任何有用的东西，凡是能够帮助我们产生更多财富的都是。一切这些东西都是资本"③。在这个意义上，任何劳动都离不开资本。

---

① 参阅《马克思恩格斯文集》第5卷，人民出版社2009年，第211页。
② [英]约翰·勃雷：《对劳动的迫害及其救治方案》，袁贤能译，商务印书馆1983年，第45页。
③ [英]约翰·勃雷：《对劳动的迫害及其救治方案》，袁贤能译，商务印书馆1983年，第49页。

在对资本的看法上，李嘉图社会主义者与当时的一些经济学家有着相同的视野，所不同的是他们认为劳动离不开资本并不能推导出目前存在的阶级剥削。实际上，这里的根本问题在于：只从物质生产要素的视角来理解社会生产过程，就无法得出马克思在《资本论》中的思考，而只能停留于李嘉图社会主义者的视野中。这意味着，从一般的物质生产出发，并不能实现对资本逻辑的批判分析。

在马克思的思想发展中，继《德意志意识形态》描述了一般物质生产理论之后，在《致安年柯夫的信》和《哲学的贫困》中，马克思在批判蒲鲁东时指出：蒲鲁东不懂得，"在人们的生产力发展的一定状况下，就会有一定的交换和消费形式。在生产、交换和消费发展的一定阶段上，就会有相应的社会制度、相应的家庭、等级或阶级组织，一句话，就会有相应的市民社会。有一定的市民社会，就会有不过是市民社会的正式表现的相应的政治国家"[1]。在这里，重要的是"人们借以进行生产、消费和交换的形式是暂时的和历史性的形式"[2]。蒲鲁东最根本的错误就是将现存的社会看作是永恒的、超历史的社会。

---

[1] 《马克思恩格斯全集》第47卷，人民出版社2004年，第440页。
[2] 《马克思恩格斯全集》第47卷，人民出版社2004年，第441页。

将物质生产作为人类社会的基本前提，这当然是正确的，但需要注意到的是，古典经济学以及受李嘉图影响的社会主义者，同样承认物质生产具有基础性意义。对于马克思来说，需要讨论的不是一般意义上的物质生产，而是资本主义社会的物质生产，即一种历史性的物质生产，在这种物质生产中，支配性的不是一般的物质生产要素或生产主体，而是资本。不是从一般物质生产逻辑出发来说明资本的本性，而是要从资本逻辑出发来说明资本主义的物质生产。这是一种重要的逻辑转换，即从生产逻辑向资本逻辑的转换。

经过《1857—1858年经济学手稿》和《1861—1863年经济学手稿》等中介，在《资本论》中，马克思形成了以资本逻辑为内核的理论思路。在第一篇商品章中，马克思一上来就说道："资本主义生产方式占统治地位的社会的财富，表现为'庞大的商品堆积'，单个的商品表现为这种财富的元素的形式。"[1]只有在商品生产普遍化的时代，商品才能成为社会财富的细胞，而商品生产的普遍化，则意味着资本统治地位的确立，社会生产实际上是按照资本

---

[1]《马克思恩格斯文集》第5卷，人民出版社2009年，第47页。

的内在要求展开的。在讨论绝对剩余价值生产时，马克思的这一逻辑更为明显地表现出来。在讨论了一般物质生产的基本要素和结合方式后，马克思指出：这种一般劳动模式并不足以说明资本主义生产过程，因此重要的是劳动增殖过程。实际上，在资本主义社会生产中，只有在劳动增殖过程中，我们才能说明一般物质劳动过程，否则就会像李嘉图社会主义者一样，把资本主义生产过程下降为一般物质劳动过程，从而说明资本主义生产具有自然必然性。

在关于劳动二重性的讨论中，马克思同样展现了资本主义社会劳动的基础性地位。在资本主义社会，劳动可以划分为具体劳动与抽象劳动，具体劳动与使用价值相关，抽象劳动与交换价值相关，在资本主义生产中，资本家关注提交换价值，"使用价值决不是本身受人喜爱的东西。在这里，所以要生产使用价值，是因为而且只是因为使用价值是交换价值的物质基质，是交换价值的承担者"[1]。这也意味着，具体劳动同样依赖于抽象劳动，而这种抽象劳动才是资本关注的劳动，剩余价值的生产首先与这种抽象劳动相关，正是这种抽象劳动，为资本逻辑提供了现实

---

[1] 《马克思恩格斯文集》第5卷，人民出版社2009年，第217页。

的基础。

从上述的讨论中可以看出：《德意志意识形态》在马克思思想发展中占有重要的地位，在这本书中，马克思实现了从人本主义向历史唯物主义的哲学变革，确立了人类学意义上的物质生产逻辑，使哲学回到现实生活，并揭示现实生活的内在逻辑。但这并不意味着，马克思在《德意志意识形态》中就完成了自身思想的发展。从《德意志意识形态》到《资本论》，马克思的哲学思想经过了又一次重要变革，即从生产逻辑转向资本逻辑，实现了对自由资本主义社会的政治经济学批判，从而真正跳出了古典经济学及李嘉图社会主义者的理论窠臼。[①]在确定《德意志意识形态》的重要历史地位的同时，也需要看到其面临的理论问题，从而更为深入地把握马克思思想发展的逻辑进程，展现《资本论》的哲学思想。

---

① 关于马克思哲学思想从生产逻辑向资本逻辑的转变，参阅仰海峰：《〈资本论〉的哲学》，北京师范大学出版社2017年，第3章。

四、《德意志意识形态》的传播与影响

在1859年《政治经济学批判》"序言"中,马克思第一次提到,1845年他和恩格斯在布鲁塞尔开始着手共同阐明他们的见解,一方面批判当时的德国哲学,另一方面也是清算他们以前的信仰,这一心愿是在两厚册八开本的手稿中得以实现的。马克思恩格斯当时准备在威斯特伐里亚出版,但后来由于出版商的拒绝以及警察署方面的阻挠,他们的努力没有结果。除第二卷第四章在1847年《威斯特伐里亚汽船》8月号和9月号上发表外,其他内容当时都没有公开出版。

1918年梅林在《马克思传》中讨论了《德意志意识形态》手稿的存在及其在马克思恩格斯思想发展中的意义。1920年,古斯塔夫·迈耶尔出版的《恩格斯》传中认为,"题为《德意志意识形态——对以费尔巴哈、B.鲍威尔、

施蒂纳为代表的后黑格尔哲学和各种预言者所主张的德国社会主义的批判》的这一文本是在1845年9月和1846年8月之间进行的，有50页纸，八开本大小，分两册装订"①。1920年，苏联成立了马克思恩格斯研究院，1924年，在院长梁赞诺夫的主持下，马克思恩格斯研究院编辑出版了五卷本的《马克思恩格斯文库》俄文版的第一卷，第一次发表了"费尔巴哈"章，1926年《马克思恩格斯文库》德文版第一卷发表了这一章。1932年，《马克思恩格斯全集》历史考证第一版（MEGA1）第一部分的第五卷，出版了由阿多拉茨基编的第一个完整的《德意志意识形态》德文版，1933年《马克思恩格斯全集》俄文第一版第四卷出版了第一个完整的俄文译本。1955年的俄文本虽然在注释等方面有一定的改进，但从正文的编排等方面来看，与1932、1933年版本大致相同。这个版本也是中译本《马克思恩格斯全集》第3卷《德意志意识形态》的版本②。

---

① 转引自[韩]郑文吉:《〈德意志意识形态〉与MEGA文献研究》，赵莉、尹海燕译，南京大学出版社2010年，第7页。
② 关于《德意志意识形态》各章节的发表与留传过程，可以参考[德]英格·陶伯特:《〈德意志意识形态〉各篇手稿的留传过程及其首次以原文发表的情况》和单志澄《〈德意志意识形态〉写作、发表和出版的经过》，载《马克思主义研究资料》第1卷，中央编译出版社2014年。

在《德意志意识形态》出版后，争议较大的是第一章"费尔巴哈"的编排。由于第一章是一篇未完成稿，其写作时间、写作顺序引起了后来者的兴趣与讨论，对此的不同理解关系到对第一章手稿的编排。1924年梁赞诺夫尝试按照手稿的原样来编排，对于其中一些页码不连贯的地方，梁赞诺夫尝试着使之成为一个整体。从总体上来说，这是第一个想忠实介绍《德意志意识形态》第一章的最初版本。1932年阿多拉茨基的版本，则力图按照一个逻辑连贯的理念来重新编辑第一章，按照不同主题进行了分门别类，并增加了原稿中没有的小标题。这是将原稿进行打散并重新编排的版本，后来者认为，这一版本虽然将手稿的内容进行首尾一致的编辑，使内容变得容易理解，但"它对手稿本身的肆意编辑，即上述长处根本就无法抵补无视草稿原来的构成这样的短处"[①]。正是由于这个原因，自1932年以来，特别是20世纪60年代以来，对《德意志意识形态》第一章手稿的编辑一直成为这一文本研究的热点问题。

在此之后，1965年苏联学者巴加图利亚在苏共中央马

[①] ［韩］郑文吉：《〈德意志意识形态〉与MEGA文献研究》，赵莉、尹海燕译，南京大学出版社2010年，第135页。

列主义研究院的《哲学问题》杂志第10、11期发表了第一章的新译本，1966年出版了单行本。在这个译本中，一方面巴加图利亚将1962年巴纳发现的3张残页纳入其中，另一方面他按照手稿顺序编排，按照内容分节。①这一版本在上世纪六七十年代有着较高的普及性。1972年，《马克思恩格斯全集》历史考证第二版（MEGA2）试行编辑了《德意志意识形态》，1974年日本学者广松涉重新编译出版了《德意志意识形态》第一章，在学界产生了较大影响。②后来一些日本学者，根据新的文献学研究成果，尝试编辑出版新的译本，进一步推动着《德意志意识形态》第一章的编译和研究工作。

我国早在20世纪30年代就有了《德意志意识形态》第一章的翻译本。1931年郭沫若先生就译完此书，1938年11月由上海言行出版社出版，书名为《德意志观念体系》，根据梁赞诺夫编纂的《马克思恩格斯文库》德文版翻译

---

① 关于这个版本的编排情况，参阅［俄］巴加图利亚主编：《巴加图利亚版〈德意志意识形态·费尔巴哈〉》，张俊翔编译，张一兵审订，南京大学出版社2011年。

② 参阅［日］广松涉编注：《文献学语境中的〈德意志意识形态〉》，彭曦译，张一兵审订，南京大学出版社2005年。

的。①新中国成立后，1960年出版的《马克思恩格斯全集》第3卷收录了《德意志意识形态》全书，根据苏联马克思列宁主义研究院1932年德文版、1933年俄文版翻译的。1988年又出版了《德意志意识形态》"费尔巴哈"章的单行本，这一版本根据巴加图利亚本翻译，但只保留了手稿原有的标题。这一版本也成为新版《马克思恩格斯全集》《马克思恩格斯文集》中"费尔巴哈"章的基础。

  从上面出版的介绍情况可以看出，自《德意志意识形态》问世以来，一直得到学术界的关注。这种关注一方面体现在对文本的考证与编辑上，另一方面体现在对文本的思想研究上。从国内来说，特别是自20世纪80年代末以来，对《德意志意识形态》的研究一直热度不减，无论是对文本编辑情况的研讨，还是对其哲学思想的探索，都取得了长足的发展。这一研究不仅有助于加深对马克思主义哲学的理解，而且有助于展现马克思主义哲学的现实意义。

---

① 参阅张一兵："跋"，载［苏联］大卫·鲍里索维奇·梁赞诺夫主编：《梁赞诺夫版〈德意志意识形态·费尔巴哈〉》，夏凡编译，张一兵审订，南京大学出版社2008年，第197—201页。

五、《德意志意识形态》的现实意义

在马克思恩格斯看来,在本书中,他们实现了对于当时德国哲学界的批判、对他们自己信仰的清算。也正是通过这本书,他们制定了历史唯物主义的基本原则,初步形成了他们自己的哲学构架。150多年过去了,不论对于我们理解马克思主义哲学还是理解当下历史,《德意志意识形态》都有着重要的作用。

(一)透视哲学的意识形态之谜,从哲学批判走向社会历史批判,开启了对社会历史的科学分析

在《德意志意识形态》写作的时代,英国在工业革命

后长足发展，已经成为当时的强国。法国经过1789年大革命，特别是19世纪30年代以来的资产阶级革命，也已经走上了资本主义的轨道。而当时的德国依旧处于封建城邦林立的社会，在发达资本主义社会已经展现其发展过程中的问题时，资本主义社会对于德国来说还是发展的前景。"在法国和英国行将完结的事物，在德国才刚刚开始。这些国家在理论上反对的，而且依旧当作锁链来忍受的陈旧的腐朽的制度，在德国却被当作美好未来的初升朝霞而受到欢迎……"[1]社会发展的这一时空错位，使得德国只是在哲学上是同时代人，而在历史上则远远落后于时代，所以在《德意志意识形态》中，马克思在谈到历史时指出：德国人没有历史，只有历史编纂学。因为，现代意义上的历史，是通过珍妮纺纱机开创出来的。正是历史与思想间的这种错位，使得德国哲学一方面显现出革命性的要求，如青年黑格尔派的革命诉求；另一方面，这种革命的诉求又带有自身的软弱性，即只是将这种要求停留在思想领域，以为只要思想上解决了问题，就解决了现实问题。针对这种思路，马克思指出："这种改变意识的要求，就是

---

[1] 《马克思恩格斯全集》第1卷，人民出版社1995年，第457页。

要求用另外一种方式来解释现存的东西，也就是说，通过另外的解释来承认现存的东西。"①但青年黑格尔派并没有意识到这一点，这种理论上的非自觉性，使得他们的哲学成为合乎现实需要的意识形态，即使是以最激烈的批判现实的方式呈现出来的哲学，也是如此。针对青年黑格尔派的这种看似激进的思路，马克思指出："这些哲学家没有一个想到要提出关于德国哲学和德国现实之间的联系问题，关于他们所作的批判和他们自身的物质环境之间的联系问题。"②马克思的哲学变革就在于将哲学批判与社会历史生活联系起来，揭示两者之间的内在关系，从而揭示哲学的意识形态之谜，将哲学批判推进到社会历史批判。

要揭示意识哲学之谜，首先要看到意识的社会历史规定性。在《德意志意识形态》中，马克思指出：社会存在决定社会意识，"意识在任何时候都只能是被意识到了的存在，而人们的存在就是他们的现实生活过程"③。与德国当时的哲学家将理性看作先验的存在，将现实看作理性的外化不同，马克思指出，人的意识的生产总是在与人们

---

① 《马克思恩格斯文集》第1卷，人民出版社2009年，第516页。
② 《马克思恩格斯文集》第1卷，人民出版社2009年，第516页。
③ 《马克思恩格斯文集》第1卷，人民出版社2009年，第525页。

的物质活动、物质交往等交织在一起,并受到生产力以及与之相适应的交往的一定发展所制约,因此,意识、理性实际上是在物质生活条件的生产与再生产中产生的。马克思的关于意识的这一界定,打破了传统哲学中意识独立性的神话,揭示意识独立性的根源。近代以来以独立的"我思"或理性出发的哲学,是将自身从日常生活中独立出来,从社会存在中独立出来才是可能的。离开了意识的社会存在情境,意识的逻辑独立性才能获得至高无上的地位,久而久之,人们才会将意识的独立性看作是一件自然而然的事情。

在意识独立性的这种哲学观念中,蕴含着一种轻视现实历史的观念。以数学为基础的自然科学模型,强调抽象性、形式化和重复性,而在社会历史生活中,不可能发生像自然过程那样的重复性,因此一些思想家认为,历史是不值得研究的,因为得不出像自然科学那样的规律性的东西。到维柯的《新科学》,这一观念开始得到改变。维柯认为:人们只能认识自己创造的东西,自然是由上帝创造的,只有上帝才能认识,历史是由人创造的,人所能认识的恰恰是历史。也正是在这样的视野中,维柯力求揭示人类社会的基本结构以及人类历史进程中的规律。虽然这种规律仍然具有"上帝之眼"的意蕴。"前此哲学家只是通过这种自然界事物去观照神的……在本书中玄学女神登在较高的地位去从天神来观照人类精神界，这也就是玄学的世界，为的是要从人类精神界，亦即民政界或各民族世界去显示出天神的意旨。"①后来者黑格尔非常强调历史研究的意义，指出要用不同于历史学家的态度来理解历史，"哲学用以观察历史的唯一的'思想'便是理性这个简单的概念。'理性'是世界的主宰，世界历史因此是一种合理的过程"②。从理性的视角来看，世界历史进程体现为一种合理性的进程。可见，在黑格尔这里，历史是精神的外化与表征。这可以说也是过去哲学家关于历史的主流看法。马克思强调社会存在决定社会意识，这意味社会存在的历史与结构才是其哲学关注的首要对象，历史科学变成了其哲学理念的核心内容。"我们仅仅知道一门唯一的科学，即历史科学。"③从历史本身出发，来展现历史的结构与运转，并从中考察意识、理性的产生及其内容，这是《德意志意识形态》带来的哲学变革。这一变革，使哲学

---

① [意]维柯：《新科学》上册，朱光潜译，商务印书馆1989年，第4页。
② [德]黑格尔：《历史哲学》，王造时译，上海书店出版社1991年，第9页。
③ 《马克思恩格斯全集》第3卷，人民出版社1995年，第20页。

的眼光回到历史、回到人类生活本身，从中反思传统哲学的历史意义，这是马克思哲学的基本前提。

其次是展现意识形态的建构过程。在目前阶段，社会存在是由不同阶级、阶层的活动构成的，这决定统治阶级在社会存在中占据主导地位，并将自己的意识上升为统治地位的意识形态，这一过程是由以下几个阶段完成的：(1) 统治阶级在其获得统治地位的过程中，将自己的意识看作是全体人的意识，成为社会的普遍意识。虽然统治阶级中的个人都有其自己的思想，但作为一个整体，其阶级地位决定了其历史地位。这种阶级地位从总体上决定了社会阶级的意识状态。(2) 将统治阶级的意识与其统治条件分割开来，使意识和思想独立化。这是非常重要的一步。一旦思想独立出来，就可以将某一时代的思想概括为一些抽象的概念，如贵族统治时代的"荣誉""忠诚"，资产阶级时代的"自由""平等"等。这些概念获得了"先验性"的特征，特定的历史时代反倒成为这些概念的表征。统治阶级的统治颠倒为思想的统治。对于这种现象，马克思从社会分工的视角进行了批判，脑力劳动与体力劳动的分离，才造成了思想、意识的独立化，才会使这些意识产生独立性的幻觉。(3) 当意识、思想获得独立性时，就需要将意识或思想建构为一个逻辑体系，使思想本身成为一个有秩序的王国，以思想之间的联系来说明历史过程的联系。这一点，在黑格尔哲学中形成了鲜明的体系。在《哲学史讲演录》中，黑格尔将哲学史看作绝对观念形成和发展的历史，哲学的发展过程就是理性在历史上的逻辑演进过程。(4)最后，这些思想总是由某些特定的哲学家抽象出来的，于是这些概念的提出者、论证者就被看作历史的创造者。只有这样，才能把一切唯物主义的因素从历史上消除出去，任凭哲学家的思想之马在思辨的天空随意驰骋。

第三是意识形态的颠倒性。在《德意志意识形态》中，马克思指出："如果在全部意识形态中，人们和他们的关系就像在照像机中一样是倒现着的，那末这种现象也是从人们生活的历史过程中产生的，正如物象在视网膜上的倒影是直接从人们生活的生理过程中产生的一样。"[①]这种颠倒性体现在两个方面：一是在上述讨论中所呈现的问题，即意识将自身从特定的社会历史情境中抽离出来，使自身颠倒为历史的基础，把历史看作思想观念的表现。但

---

① 《马克思恩格斯全集》第3卷，人民出版社1995年，第30页。

这不是颠倒性的最为根本的含义。颠倒性的最为根本的含义是社会生活本身的颠倒性，对这种颠倒性的直观就形成了意识形态的颠倒性。这意味着，意识形态的颠倒有时并不是意识的有意为之，而是无意识的结果。甚至会出现，当一种意识以批判现实的意识形态为主题时，这种意识本身也可能只是颠倒地反映了社会生活，这种颠倒性的原因根源于现实生活本身的颠倒性。在《哲学的贫困》等文章中，马克思在批判蒲鲁东时就指出：蒲鲁东反对现实生活中的剥削，但他将这种剥削的根源归于交换，从而提出了以劳动券取代货币的政策。马克思指出，这种政策的结果就是让资本主义生产关系重新再生产一遍。蒲鲁东是想批判现实生活的，但由于在资本主义社会中，现实生活在表现上表现为货币统治一切，蒲鲁东看到的正是这一颠倒性的社会结构，这决定了他提出的解决方案只是这种颠倒性的直观反映，以致他的见解从根本上来说是一种颠倒性的意识形态。

在对意识之谜的讨论中，马克思提出了一个根本性的命题，即社会存在决定社会意识。这种决定并不是机械论意义上的，而是强调任何意识都有其社会历史性的规定，从而在历史与意识之间建立了一种内在的循环，即在历史情境中去理解意识与观念的生成与建构，从观念的建构中反思历史情境。因此，社会存在决定社会意识既体现了历史唯物主义的基本原则，也为我们分析社会意识问题提供了一种方法论的指引。这也意味着，面对无论如何复杂的社会意识，一方面，要能够去展现社会意识的内在逻辑及其主题内容，另一方面，要展现这种意识的社会历史前提，并揭示两者之间的关系。在这种讨论中，才能真正看清社会意识的最终意图。比如在面对后现代思潮时，我们首先需要展现这一思潮的逻辑渊源及其内在的逻辑转换，其次，需要展现引起思想变迁的社会历史变迁，从而对思想变迁进行历史性的定位。这是马克思给我们的方法论启示。在这一方法论中，对社会历史的科学分析与批判，构成了整个理论的基础。这也意味着，对意识的意识形态进行批判，就需要将这一批判指向具体的社会历史生活，这是马克思开辟的重要理论方向。

马克思对社会历史的批判分析，对后来的马克思主义哲学研究产生了深远的影响。回到社会历史生活，这意味着历史辩证法构成了马克思哲学思想的内核，这一理念在卢卡奇的《历史与阶级意识》中得到了新的张扬。卢卡奇以主体-客体为基础的历史辩证法作为马克思哲学的基本内容，并以此为基础对资本主义思想的二律背反展开分析，最后论证无产阶级主体意识的可能性问题。在这一讨论中，马克思哲学的批判性特征得以呈现出来。马克思的这一社会批判思想在法兰克福学派的理论建构中得到了充分的展现。当霍克海默为法兰克福学派制定批判理论的规划时就指出："在这里，我们并不是在唯心主义的纯粹理性批判的意义上使用这个术语，而是在政治经济学的辩证批判的意义上使用这个术语。这是辩证的社会理论的本质规定。"[1]因此，批判理论所强调的批判是来自社会历史生活本身的自我批判，这才是历史辩证法的根本内容。

马克思的这一从生产逻辑出发的历史辩证法思想，也成为不少后来者考察历史与思想的理论前提。詹明信在谈到后现代语境中马克思主义的理论建构时就指出：虽然在当代存在着各种解释模式，如结构主义的"语言形式"、弗洛伊德主义的"欲望"、经典存在主义的"焦虑与自由"等，但在面对资本主义社会时，马克思从生产方式出发的解释模式仍是最具解释力的模式。对于我们来说，如何发挥马克思哲学的当代作用，这是在面对《形态》时还需要

---

[1] Max Horkheimer, *Critical Theory*, trans. by Matthew J. O'Connell, Seabury Press, 1972. P.211.

进一步深思的问题。

（二）揭示了社会发展的总体进程，特别是近代以来历史向世界历史转变的内在逻辑，为我们认识社会历史发展，特别是认识全球化进程提供了科学的方法论

意识总是人的意识，意识的独立性与意识形态的颠倒性源于人的社会历史生活，如何科学分析社会历史的存在与其发展过程，揭示社会历史变迁的内在逻辑，这是马克思在《德意志意识形态》中着力阐述的部分，也是历史唯物主义的基本内容。

第一，从社会结构层面来说，生产力、市民社会、国家制度与意识形态，构成了社会结构的基本内容。针对传统哲学将意识看作是社会历史的前提的观念，马克思指出：人类社会历史的前提是，人们为了能够创造历史，就必须能够生活，"但是为了生活，首先就需要吃穿住以及其他一切东西。因此第一个历史活动就是生产满足这些需

要的资料，即生产物质生活本身"①。正是在生产中结成了人与自然的关系，人与人的关系，产生社会交往方式，在此基础上，才会有意识。因此，意识虽然就其形式而言具有相对的独立性，但意识从来不能离开特定的社会历史状况，就其内容而言，意识是对人及其社会关系的意识，在与人的物质生产相关的意识基础上，才能产生出理论的意识，即神学、哲学、道德等，从这些描述中，大约可以抽象出社会中的三个要素，即"生产力、社会状况和意识"②。在这一描述中，马克思将社会结构概述为生产力、社会状况和意识三个层面。如果对社会状况做进一步分析，还可以进一步区分为由交往关系为主要内容的市民社会、以阶级关系为基础的国家制度等。"由此可见，这种历史观就在于：从直接生活的物质生产出发阐述现实的生产过程，把同这种生产方式相联系的、它所产生的交往形式即各个不同阶段上的市民社会理解为整个历史的基础，从市民社会作为国家的活动描述市民社会，同时从市民社会出发阐明意识的所有各种不同理论的产物和形式，如宗

---

① 《马克思恩格斯文集》第1卷，人民出版社2009年，第531页。
② 《马克思恩格斯文集》第1卷，人民出版社2009年，第535页。

教、哲学、道德等，而且追溯它们产生的过程。"①

社会结构层面的这一描述，在1859年《政治经济学批判》"序言"中做了更为完整的概括。马克思指出，社会形态从结构上可以分为生产力、生产关系、经济基础（生产关系的总和）、上层建筑，上层建筑可以进一步划分为政治上层建筑与意识形态。相比于《德意志意识形态》，这里的用语更为精致，逻辑上也更为一致，马克思以自己的术语完成了对社会历史的说明。阿尔都塞曾认为，这种术语的变革是马克思的历史科学的一个重要标志。他将马克思的历史科学概括为三个重要方面，其中一个方面就是"制定出建立在崭新概念基础上的历史理论和政治理论，这些概念是：社会形态、生产力、生产关系、上层建筑、意识形态、经济起最后决定作用以及其他特殊的决定因素等等"②。后来者詹明信以生产方式概念为基础，认为马克思的生产方式这一解释符码，不仅能够为我们理解历史提供科学的指导，而且也为我们整合其他各种解释模型提供了基础。"马克思主义的主导符码是一个十分不同的范

---

① 《马克思恩格斯文集》第1卷，人民出版社2009年，第544页。
② [法]路易·阿尔都塞：《保卫马克思》，杜章智译，商务印书馆1984年，第196页。

畴，即'生产模式'本身。生产模式的概念，制定出一个完整的共时结构，上述的各种方法论的具体现象隶属于这个结构。也就是说，当今明智的马克思主义不会希望排斥或抛弃任何别的主题，这些主题以不同的方式标明了破碎的当代生活中客观存在的区域。因此，马克思主义对上述阐释模式的'超越'，并不是废除或解除这些模式的研究对象，而是要使这些自称完整和自给自足的阐释系统的各种框架变得非神秘化。宣称马克思主义批评作为最终和不可超越的语义地平线——即社会地平线——的重要性，表明所有其他阐释系统都有隐藏的封闭线。阐释系统是社会整体的一部分，以社会作为自己的研究对象，但是隐藏的封闭线把阐释系统同社会整体分离开来，使阐释成为表面封闭的现象。马克思主义的语义批评可以打破封锁线。"①哈特与奈格里将马克思的生产理论与德鲁兹的欲望理论加以整合，形成了《帝国》的理论构架。这也表明，作为说明历史发展的一般原理，历史唯物主义仍然具有生命力。

第二，揭示了社会历史发展中的内在矛盾，为我们认识当今时代的社会变迁提供了科学的方法论基础。在《德

---

① 詹明信：《晚期资本主义的文化逻辑》，张旭东，生活·读书·新知三联书店1997年，第147—148页。

意志意识形态》中，马克思恩格斯不仅讨论了社会的横向结构，而且讨论了社会存在的内在矛盾，正是这种矛盾推动着社会历史的变迁。马克思认为，生产力、社会状况和意识之间一定会存在着矛盾，产生矛盾的原因就在于分工。"因为分工不仅使精神活动和物质活动、享受和劳动、生产和消费由不同的个人来分担这种情况成为可能，而且成为现实，而要使这三个因素彼此不发生矛盾，则只有分工。"[①]分工催生的矛盾表现在：（1）在家庭内部产生了不平等，产生了私有制；（2）分工使个人利益与家庭利益产生矛盾，单个家庭与共同体之间产生矛盾；（3）私人利益和公共利益之间的矛盾使国家成为虚幻的共同体，在这个虚幻的共同体下发生作用的是阶级之间的斗争；（4）最后使个人活动成为人的异己的力量。

在这篇文献中，虽然马克思恩格斯将分工看作是产生社会矛盾的原因，但这种矛盾本身也会推动着社会历史的发展。在特定的历史条件下，分工推动着社会生产力的发展，分工导致的生产力与社会状况之间的矛盾推动着社会形态的变迁。在第一章手稿的第四部分，马克思恩格斯在

[①] 《马克思恩格斯文集》第1卷，人民出版社2009年，第535页。

分析了资本主义社会与前资本主义社会的八大差异之后，就从分工出发，通过生产力与社会交往关系的内在矛盾来展现社会形态的历史变化。从社会分工的视角来看，正是分工发展，特别是物质劳动和精神劳动的分工，推动着城乡分离与对立。这种城乡分离也是资本与地产的分离，资本不依赖地产而存在和发展，并开始形成以劳动和交换为基础的所有制。到中世纪时，随着自由的农奴建立城市之后，在城市中形成了封建行会组织，并逐渐形成了等级资本，分工的扩大使生产和交往产生了分离，商人阶层开始形成，城市与城市之间的联系加强。分工的发展，以及不同城市间分工推动着工场手工业的发展，生产力水平不断提高，这就为世界市场的形成提供了条件。社会历史发展的这种更替，马克思将之概括为以下几种所有制形式的变更。第一种是部落所有制，第二种是古代公社所有制和国家所有制，第三种是封建的或等级的所有制，在此之后，就是马克思生活的时代，他以"私有制和劳动"来加以概括。这些讨论，就力求展现社会历史变迁的具体内容，揭示社会发展的内在动力。

关于社会形态的变迁，在马克思后来的著作中，有着不同层面的讨论。比如在《1857—1858年经济学手稿》

中，马克思曾从人在社会历史中的位置出发将社会历史进程划分为三大形态：以人与人的依赖关系为基础的前资本主义社会，以人与物的依赖关系为基础的资本主义社会，以及人有自由全面发展的共产主义社会。这个讨论以商品生产普遍化时代人的物化为基础，以人的主体性与自由解放为指向。在《政治经济学批判》"序言"中，马克思则从生产力与生产关系的矛盾出发，提出了亚细亚的、古希腊罗马的、封建的和资本主义的等五种经济形态。在"序言"中，马克思提出了较为完整的社会历史变迁图式，形成了人类历史的一般解释框架。

马克思从社会内在矛盾出发来展现社会历史发展过程，并对这一进程进行历史分期的思想，对于我们理解资本主义社会的历史变迁、对于理解当代社会与过去社会的区别，从而更好地把握当下历史来说，无疑具有方法论的指导意义。比如对于资本主义社会发展来说，虽然资本一直占据着主导地位，但19世纪70年代开始的组织化资本主义，与之前的自由竞争的资本主义就有着较大的差异：从生产方式来说，机械化大生产取代手工业，带来了生产过程中的相对组织化和计划性；从社会管理层面来说，科层制的管理开始成型，过去在生产关系层面的无计划性相对减弱；从社会心理层面来说，人们越来越习惯于商品生产的普遍化与资本对日常生活的引导。如果简单地以自由竞争时代关于资本主义社会的理解来说明组织化时代的资本主义社会，就会把问题简单化。同样，组织化时代的哲学思考与自由竞争时代也有着较大差异，比如卢卡奇的"物化"学说，海德格尔的"存在论"，都有着机械化生产时代的痕迹。年鉴学派关于历史长时段的思考，不能不说受到了马克思关于历史发展学说的影响。

第三，揭示了历史向世界历史的转变，为我们理解全球化提供了理论基础。马克思、恩格斯指出：生产力的发展推动着人们之间的普遍交往，同时也推动着不同国家、民族之间的竞争，使一切国家、民族之间形成相互交流、不可分割的关系，从而推动着历史向世界历史转变。比如"如果在英国发明了一种机器，它夺走了印度和中国的无数劳动者的饭碗，并引起这些国家的整个生存形式的改变，那么，这个发明便成为一个世界历史性的事实"[①]。历史向世界历史转变意味着：历史向世界历史转变有其重要的意义：（1）只有在世界历史中，生产力的已有成就才

---

① 《马克思恩格斯文集》第1卷，人民出版社2009年，第541页。

能得以保存，并在新的历史时空结构中得到发展，并为未来社会奠定所需要的物质基础。在历史发展相对独立的地方，一旦出现生产力发展成果毁灭现象时，其他地方只能依赖自身的力量重新发展出已经毁灭了的生产力。而在世界历史性交往中，生产力的发展水平随之向世界各地流转，不仅有助于保存原有生产力水平，而且不同地域的人会依据当地的需要加以变革发展，不断提高原有生产力。生产力的发展，才能推动物质生产的发展，从而为未来社会奠定物质前提。"在极端贫困的情况下，必须重新开始争取必需品的斗争，也就是说，全部陈腐污浊的东西又要死灰复燃。"① （2）个人才能成为世界历史性的个人，获得可能的丰富个性，这是人的自由而全面的发展的前提。丰富的物质生活、人与人之间的普遍交往，才能使个体摆脱地域性的局限，成为世界历史性的、经验上普遍人的个人。与早年强调抽象的人的类本质不同，虽然类本质也具有普遍性，但那是抽象意义上的普遍性，马克思在这里所说的世界历史性的个人，强调的是人在世界历史性进程中的生存状态。虽然在这个过程中也存在着人的异己的力

---

① 《马克思恩格斯文集》第1卷，人民出版社2009年，第538页。

量,但这种力量是可以通过世界历史的发展来消灭的,因为在世界历史性的个人生成中,一种自主活动所呈现的力量将确立自己的优势地位。这也意味着,人的全面发展只有在世界历史性个人的基础上才是可能的。个体虽然在表面上只依赖于自己的劳动而生存,但实际上以世界市场的存在为前提;同样,任何国家与民族也都将以世界市场的存在为前提。在这里,世界市场既体现为现成的存在,也体现为未来的存在,因为对于当时还未进入商品生产与交换的国家与民族来说,世界市场还是潜在的存在。但随着资本主义生产的发展与交往的扩大,这些尚未进入资本主义社会的国家与民族,都将不得不面临着资本主义社会的压力,走向世界历史,不得不成为这些国家和民族的选择。

如果说在马克思时代,还处于一个国家、民族的历史向世界历史的转变中,经过19世纪末20世纪初的资本输出,资本世界之间的联系,资本世界与非资本主导的世界之间的联系日益加强。卢森堡曾从资本主义发展的内在困境出发指出:资本主义社会的发展依赖于非资本主义社会的存在,随着资本社会向非资本社会的扩张,特别当资本最终统治一切社会时,资本主义社会就走到了自己的极限。卢森堡的这一论述,看到了20世纪初资本的世界扩张以及世界的资本化过程。这一过程随着两次世界大战的短暂中断(当然只是时间意义上的,在实际联系上,这又恰恰是资本以战争的方式在扩张),以及二战后两大阵营的形成,表明资本在不断地全球化。到20世纪90年代之后,资本的全球化得以真正实现。正像马克思在讨论世界历史进程时所指出的那样,资本的全球化正是资本主义生产方式在不断变革之后,在世界的扩张和影响。

根据沃勒斯坦的世界历史理论,资本的世界性进展总是与一定的中心/边缘的结构相对应。虽然在全球化时代,随着电子计算机技术的普及,这种中心/边缘模式似乎有所弱化,但并没有真正地消解这一模式。因此,全球化进程对不同发展程度的国家影响不同,但基本的趋势是:没有哪个国家能够避免资本全球化的影响,各国能做的恰恰是如何在这一进程中,既融入其中,又能保持自身的特点与优势,这恰恰成为各国,特别后发展国家需要思考的问题,中国特色的社会主义正是在这个意义上具有了世界历史性的意义。

（三）为中国特色社会主义提供了科学的理论基础

中国特色的社会主义，从根本上来说，就是要以世界历史进程和全球化为参照、以生产力发展为基础、以人民生活水平的提高为指向的社会发展道路。为了实现这一点，在中国这一后发展国家，需要在中国共产党的领导下，凝聚力量，改革创新，只有这样，才能真正实现中华民族的伟大复兴。我党提出并实施中国特色社会主义，体现了马克思主义基本原理在中国特定历史语境中的应用与发展，是在中国语境中发展了马克思主义基本理论。

在《德意志意识形态》中，马克思指出：随着资本主义社会的发展，历史正在向世界历史转变，这也意味着任何一个国家，在其未来的发展中都不得不进入到世界历史进程中，这种世界历史视野是马克思考察资本主义、考察当时一切社会与国家的基本视野，马克思也正是在这样的视野上去讨论同时代的中国的。比如在《中国革命和欧洲革命》一文中，马克思在谈到太平天国运动时认为：鸦片战争打破了封建帝国的权威，同时也打破了闭关锁国的状态。大量的战争赔款、鸦片买卖、工业品入侵所导致的大量白银外流，使中国不仅旧税加重，而且新税倍增，这是中国起义的直接原因。从这里可以看出，太平天国运动有其世界历史原因。与此同时，太平天国运动对欧洲的经济危机同样产生影响。战争使得发达资本主义国家在中国的市场缩小，同样由于社会的变动导致茶叶价格的上升，这会直接影响到欧洲的局势。在这些讨论中，马克思都将中国纳入到世界历史情境中加以讨论，去理解中国的变动对世界的影响，同时去研究世界历史的发展对中国未来的影响。在这一历史情境中，生产力的发展水平、经济的发展程度是最为根本的要素。

生产力发展水平所导致的经济发展程度、世界历史情境，马克思恩格斯在《德意志意识形态》中创立的历史理论与方法，成为列宁讨论俄国发展道路的基本理论前提。在《什么是"人民之友"以及他们如何攻击社会民主党人？》中，列宁认为，历史唯物主义的根本方法就在于：把社会关系归结为生产关系，把生产关系归结为生产力，从而揭示出社会历史生活的内在规律。生产力与生产关系的相互关系及其矛盾运动，构成了社会历史发展的根本动力。这一思想也是列宁对历史唯物主义的基本看法。当他用历史唯物主义来分析俄国社会情境及革命策略时，立即将俄国纳入世界历史格局中来进行分析。在《帝国主义是资本主义的最高阶段》(简称《帝国主义论》)及相关论述中,列宁指出:资本集中带来了资本垄断,这决定了各国需要扩张世界市场,导致了帝国主义国家之间的矛盾,引起了瓜分殖民地的帝国主义之间的战争。作为帝国主义链条之中的薄弱环节,俄国在这场战争中将造就无产阶级革命的历史情势。首先,因为俄国已经进入到资本主义,无产阶级与资产阶级之间的矛盾成为社会的主要矛盾;其次,由于俄国的发展远远落后于英、法、德等老牌资本主义国家,这引起了俄国与帝国主义国家间的矛盾;再次,俄国的资产阶级在发展过程中,与传统的农民之间存在着巨大的矛盾。这些矛盾交织在一起,决定了俄国的资产阶级不可能真正地解决俄国的问题,只有无产阶级的革命,才能从根本上解决上述问题。在这里,生产力发展水平与世界历史视角,构成了列宁的基本视域,上述两个要素使得俄国问题有其自身的特殊性,并不能按照西方的线性历史过程来考察,这也是列宁批评当时各种错误思潮的理论基础。

生产力的发展水平决定了一个国家的历史发展阶段,而世界历史情境决定了一个国家在当时世界结构中的大致位置,两者构成了社会历史发展的总体坐标。这个坐标同样是毛泽东讨论中国革命的总体坐标。他对中国革命对象的讨论，如推翻三座大山，就是从这两个不同维度上给出的，他对新民主主义的论述，同样以中国社会的生产力发展水平及其在世界历史发展情境中的定位来展开的。邓小平后来关于改革开放的论述，同样是基于上述的社会历史坐标。他关于三个有利于的论述、关于和平与发展是当下主题的论断，都体现出他对马克思主义基本理论的深刻理解与把握。因此，生产力发展水平与世界历史格局，不仅使得中国社会的发展无法摆脱世界发展的影响，同时也使得中国社会的问题有其自身的独特性，在全球化时代，这种影响与独特性更加明显。

作为后发展国家，自20世纪80年代以来，中国的发展经历了三个不同的阶段：一是工业化阶段。虽然到20世纪80年代，中国的工业经济在城市区域有了重要发展，在一些农村地区，农业生产也实现了工业化，在重工业和前沿科技的某些领域，中国达到了令世人瞩目的程度。二是小农生产方式。虽然工业化发展取得了很大的成绩，但从总体上来看，中国还有广大区域与人口处于前工业生产状态，传统的农业生产方式仍然起着重要的支撑作用，责任田承包就是建立在传统小农生产的基础上的。从社会发展的进程来看，包产到户是一种退却，但从中国当时广大农村的生产方式来看，这又是激发农民生产积极性的恰当方式。三是从工业化生产向现代电子化生产的转变，这一转变在20世纪末和21世纪初表现得更为明显。这是从生产力发展水平来看的历史时空变化。从全球化的总体进程来看，中国的发展同样经历了从与西方大国隔离，到两极格局的瓦解，再到全球化这三个不同的阶段，特别是在两极格局瓦解之后，随着中国经济的发展，中国与世界已经无法隔离，中国的发展既受到世界发展的影响，同时中国的发展也影响到世界格局。这两种不同的时空，同时展现在中国，形成了新的时空压缩，既为中国的发展提供了机遇，又给中国的发展带来了挑战。为了面对这些问题，同样要抓住生产力发展与全球化这两个重要维度，从而找到中国特色的解决问题的方式。

如果说生产力与世界历史维度构成了《德意志意识形态》中生产逻辑的主体内容的话，那么在马克思的生产逻辑中还有另一个维度，即从上述内容出发来论证共产主义，实现人的自由而全面的发展，即将对社会历史发展的科学分析与共产主义社会联系起来，与人的发展联系起来，共产主义构成了社会发展的未来指向，也是人类社会发展的理想追求。在马克思那里,这两个维度很好地结合起来了。在现实的社会中,生产力的发展与世界历史的转变,说到底是以人与人之间的阶级对抗方式实现的,在日常生活中,则是通过分工等劳动异化过程中实现的。在这部著作中,马克思还没有进入到资本主义社会的具体运行过程中,更多停留在人类社会发展的一般描述上,而在《资本论》中则通过将生产逻辑置于资本逻辑之下、通过批判资本逻辑来论证共产主义社会的合理性,这是马克思面对资本主义社会的理想指向。与空想社会主义者不同的是,马克思将这一理想建立在生产力发展的基础上,并通过资本逻辑批判来改变生产力发展带来的负面效应,这使得共产主义的论证有了坚实的基础。

应该说,马克思关于共产主义社会的论述,构成了我们面对当前社会发展的重要参照系。作为人类社会发展的自我觉醒,生产力的发展与全球化的展开,说到底是为了人的自由而全面的发展,为了走向更为美好的社会,这正是中国特色社会主义的现实指向。中国特色社会主义是中国发展生产力的制度选择,同样也是后发展的中国进入世界历史、进入全球化时代的理论选择与道路选择,这正是由于中国社会的时空压缩特征决定的。习近平总书记关于中国特色社会主义的道路自信、理论自信、制度自信、文化自信的论述，是对中国社会发展的理性自觉。坚持中国特色的社会主义，才能使我们在利用市场的同时，真正地驾驭市场，实现中国社会发展的良性运转，为走向共产主义打下坚实的基础。

I 《德意志意识形态》的
当代解读与中国道路

原著选读

A BRIEF
INTRODUCTION TO
THE GERMAN IDEOLOGY

卡·马克思和弗·恩格斯

德意志意识形态[*]

对费尔巴哈、布·鲍威尔和施蒂纳所代表的

现代德国哲学以及各式各样

先知所代表的德国社会主义的批判[①]

(节选)

---

[*] 本书的选文引自《马克思恩格斯选集》第1卷,人民出版社2012年,第141—215页。引用时对原文有适当调整,主要是对原文中脚注、文末注混用的情况,统一改成脚注形式,以方便读者阅读。——编者注

[①] 《德意志意识形态。对费尔巴哈、布·鲍威尔和施蒂纳所代表的现代德国哲学以及各式各样先知所代表的德国社会主义的批判》由马克思和恩格斯于1845年秋至1846年5月左右共同撰写,是马克思主义形成时期的重要著作。这部著作共分两卷,其主要内容是阐述作者制定的唯物主义历史观的基本原理、批判分析费尔巴哈、布·鲍威尔和麦·施蒂纳的唯心主义历史观,批判"真正的社会主义"或"德国社会主义"的各式各样代表的哲学观点,表述对科学社会主义的认识。

马克思和恩格斯从1846年到1847年在德国曾多次为出版《德意志意识形态》寻找出版商。由于当时书报检查机关的阻挠,还由于出版商对书中所批判的哲学流派及其代表人物寄予同情,这部著作未能出版。

《德意志意识形态》在马克思恩格斯生前,只在1847年《威斯特伐里亚汽船》杂志8月和9月号发表了第2卷第4章。全书以手稿形式保存下来,没有总标题。《德意志意识形态。对费尔巴哈、布·鲍威尔和施蒂纳所代表的现代德国哲学以及各式各样先知所代表的德国社会主义的批判》这一标题源于马克思在1847年4月6日发表的声明《驳卡尔·格律恩》中对这部著作的称呼(《马克思恩格斯全集》第4卷第43页)。

第一卷第一章
费尔巴哈

唯物主义观点和唯心主义观点的对立

[Ⅰ]

正如德意志意识形态家们[①]所宣告的，德国在最近几年里经历了一次空前的变革。从施特劳斯开始的黑格尔体系的解体过程[②]发展为一种席卷一切"过去的力量"的世界性骚动。在普遍的混乱中，一些强大的王国产生了，又匆匆消逝了，

---

① "意识形态家"原文为Ideologe，过去曾译"思想家"、"玄想家"。Ideologe一词是由Ideologie（意识形态）派生出来的。为了保持这两个词译法的一致性，现将"思想家""玄想家"改为"意识形态家"。当时以青年黑格尔派为主要代表的德国哲学，颠倒意识与存在、思想与现实的关系，以纯思想批判代替反对现存制度的实际斗争。马克思和恩格斯把这种哲学称为"德意志意识形态"，把鼓吹这种哲学的人称为"德意志意识形态家"。

② 大·弗·施特劳斯的主要著作《耶稣传》(1835—1836年杜宾根版第1—2卷)开创了对宗教的哲学批判，并且使黑格尔学派开始分裂为老年黑格尔派和青年黑格尔派。

老年黑格尔派着重强调黑格尔的体系，对德国三月革命前的社会和政治实践持保守的直至反动的态度。因此，对他们也称右翼黑格尔派，其成员有加布勒、道布、汉宁和莱奥。

青年黑格尔派重视以黑格尔的辩证方法为依据，对基督教和普鲁士国家持批判态度，对他们也称左翼黑格尔派，其成员有施特劳斯、施蒂纳、卢格、鲍威尔兄弟，有时还有费尔巴哈。

瞬息之间出现了许多英雄,但是马上又因为出现了更勇敢更强悍的对手而销声匿迹。这是一次革命,法国革命同它相比只不过是儿戏;这是一次世界斗争,狄亚多希(注:狄亚多希是马其顿亚历山大大帝的将领们,他们在亚历山大死后为争夺权力而彼此进行残酷的厮杀。在这场争斗的过程中(公元前4世纪末至3世纪初),亚历山大的帝国这个不巩固的实行军事管理的联盟,分裂为许多单独的国家。)的斗争在它面前简直微不足道。一些原则为另一些原则所代替,一些思想勇士为另一些思想勇士所歼灭,其速度之快是前所未闻的。在1842—1845年这三年中间,在德国进行的清洗比过去三个世纪都要彻底得多。

据说这一切都是在纯粹的思想领域中发生的。

然而,不管怎么样,我们涉及的是一个有意义的事件:绝对精神的瓦解过程。当它的生命的最后一个火星熄灭时,这个caput mortuum[①]的各个组成部分就分解了,它们重新化合,构成新的物质。那些以哲学为业,一直以经营绝对精神为生的人们,现在都扑向这种新的化合物。每个人都不辞劳苦地兜售他所得到的那一份。竞争在所不免。起初这种竞争还相当体面,具有市民的循规蹈矩的性质。后来,当商品充斥德国市场,而在世界市场上尽管竭尽全力也无法找到销

---

① 原意是"骷髅";化学中蒸馏过程结束后的残留物。这里的意思是无用的残渣。

路的时候,按照通常的德国方式,生意都因搞批量的和虚假的生产,因质量降低、原料掺假、伪造商标、买空卖空、空头支票以及没有任何现实基础的信用制度而搞糟了。竞争变成了激烈的斗争,而这个斗争现在却被吹嘘和构想成一种具有世界历史意义的变革,一种产生了十分重大的结果和成就的因素。

为了正确地评价这种甚至在可敬的德国市民心中唤起怡然自得的民族感情的哲学叫卖,为了清楚地表明这整个青年黑格尔派运动的渺小卑微、地域局限性,特别是为了揭示这些英雄们的真正业绩和关于这些业绩的幻想之间的令人啼笑皆非的显著差异,就必须站在德国以外的立场上来考察一下这些喧嚣吵嚷。①

一　费尔巴哈

A. 一般意识形态,特别是德意志意识形态

德国的批判,直至它最近所作的种种努力,都没有离开

---

① 手稿中删去以下一段话:"因此,在我们对这个运动的个别代表人物进行专门批判之前,提出一些能进一步阐明他们的共同思想前提的一般意见。这些意见足以表明我们在进行批判时所持的观点,而表明我们的观点对于了解和说明以后各种批评意见是必要的。我们这些意见正是针对**费尔巴哈**的,因为只有他才多少向前迈进了几步,只有他的著作才可以认真地加以研究"。

过哲学的基地。这个批判虽然没有研究过自己的一般哲学前提，但是它谈到的全部问题终究是在一定的哲学体系即黑格尔体系的基地上产生的。不仅是它的回答，而且连它所提出的问题本身，都包含着神秘主义。对黑格尔的这种依赖关系正好说明了为什么在这些新出现的批判家中甚至没有一个人试图对黑格尔体系进行全面的批判，尽管他们每一个人都断言自己已经超出了黑格尔哲学。他们和黑格尔的论战以及他们相互之间的论战，只局限于他们当中的每一个人都抓住黑格尔体系的某一方面，用它来反对整个体系，也反对别人所抓住的那些方面。起初他们还是抓住纯粹的、未加伪造的黑格尔的范畴，如"实体"和"自我意识"[1]，但是后来却用一些比较世俗的名称如"类"、"唯一者"、"人"[2]等等，使这些范畴世俗化。

从施特劳斯到施蒂纳的整个德国哲学批判都局限于对**宗教**观念的批判[3]。他们的出发点是现实的宗教和真正的神学。至于什么是宗教意识，什么是宗教观念，他们后来下的定义各有不同。其进步在于：所谓占统治地位的形而上学观念、

---

[1] 大·弗·施特劳斯和布·鲍威尔使用的基本范畴。
[2] 路·费尔巴哈和麦·施蒂纳使用的基本范畴。
[3] 手稿中删去以下这段话："这种批判自以为是使世界消除一切灾难的绝对救世主。宗教总是被看作和解释成这些哲学家们所厌恶的一切关系的终极原因，他们的主要敌人。"

政治观念、法律观念、道德观念以及其他观念也被归入宗教观念或神学观念的领域；还在于：政治意识、法律意识、道德意识被宣布为宗教意识或神学意识，而政治的、法律的、道德的人，总而言之，"**一般人**"，则被宣布为宗教的人。宗教的统治被当成了前提。一切占统治地位的关系逐渐地都被宣布为宗教的关系，继而被转化为迷信——对法的迷信，对国家的迷信等等。到处涉及的都只是教义和对教义的信仰。世界在越来越大的规模内被圣化了，直到最后可尊敬的圣麦克斯①完全把它宣布为圣物，从而一劳永逸地把它葬送为止。

老年黑格尔派认为，只要把一切归入黑格尔的逻辑范畴，他们就**理解**了一切。青年黑格尔派则通过以宗教观念代替一切或者宣布一切都是神学上的东西来**批判**一切。青年黑格尔派同意老年黑格尔派的这样一个信念，即认为宗教、概念、普遍的东西统治着现存世界。不过一派认为这种统治是篡夺而加以反对，另一派则认为这种统治是合法的而加以赞扬。

既然这些青年黑格尔派认为，观念、思想、概念，总之，被他们变为某种独立东西的意识的一切产物，是人们的真正枷锁，就像老年黑格尔派把它们看作是人类社会的真正镣铐一样，那么不言而喻，青年黑格尔派只要同意识的这些幻想

---

① 指麦克斯·施蒂纳（约翰·卡斯帕尔·施米特的笔名）。马克思和恩格斯在《德意志意识形态》中也用其他绰号称呼他，例如，称他为"圣桑乔"、"圣者"、"圣师"等等。

进行斗争就行了。既然根据青年黑格尔派的设想,人们之间的关系、他们的一切举止行为、他们受到的束缚和限制,都是他们意识的产物,那么青年黑格尔派完全合乎逻辑地向人们提出一种道德要求,要用人的、批判的或利己的意识①来代替他们现在的意识,从而消除束缚他们的限制。这种改变意识的要求,就是要求用另一种方式来解释存在的东西,也就是说,借助于另外的解释来承认它。青年黑格尔派玄想家们尽管满口讲的都是所谓"震撼世界"的词句②,却是最大的保守派。如果说,他们之中最年轻的人宣称只为反对"**词句**"而斗争,那就确切地表达了他们的活动。不过他们忘记了:他们只是用词句来反对这些词句;既然他们仅仅反对这个世界的词句,那么他们就绝对不是反对现实的现存世界。这种哲学批判所能达到的唯一结果,是从宗教史上对基督教作一些说明,而且还是片面的说明。至于他们的全部其他论断,只不过是进一步修饰他们的要求:想用这样一些微不足道的说明作出具有世界历史意义的发现。

这些哲学家没有一个想到要提出关于德国哲学和德国现实之间的联系问题,关于他们所作的批判和他们自身的物质

---

① 指路·费尔巴哈、布·鲍威尔和麦·施蒂纳。
② "震撼世界的思想"是《维干德季刊》上一篇匿名文章中的用语(见该杂志1845年第4卷第327页)。《维干德季刊》是青年黑格尔派的哲学杂志;1844—1845年由奥·维干德在莱比锡出版。参加该杂志工作的有布·鲍威尔、麦·施蒂纳和路·费尔巴哈等人。

环境之间的联系问题。

1. 一般意识形态，特别是德国哲学

A.①

我们开始要谈的前提不是任意提出的，不是教条，而是一些只有在想象中才能撇开的现实前提。这是一些现实的个人，是他们的活动和他们的物质生活条件，包括他们已有的和由他们自己的活动创造出来的物质生活条件。因此，这些前提可以用纯粹经验的方法来确认。

全部人类历史的第一个前提无疑是有生命的个人的存在②。因此，第一个需要确认的事实就是这些个人的肉体组织以及由此产生的个人对其他自然的关系。当然，我们在这里既不能深入研究人们自身的生理特性，也不能深入研究人们所处的各种自然条件——地质条件、山岳水文地理条件、气

---

① 手稿中删去以下一段话："我们仅仅知道一门唯一的科学，即历史科学。历史可以从两方面来考察，可以把它划分为自然史和人类史。但这两方面是不可分割的；只要有人存在，自然史和人类史就彼此相互制约。自然史，即所谓自然科学，我们在这里不谈；我们需要深入研究的是人类史，因为几乎整个意识形态不是曲解人类史，就是完全撇开人类史。意识形态本身只不过是这一历史的一个方面。"
② 手稿中删去以下这句话："这些个人把自己和动物区别开来的第一个**历史**行动不在于他们有思想，而在于他们开始**生产自己的生活资料**。"

候条件以及其他条件①。任何历史记载都应当从这些自然基础以及它们在历史进程中由于人们的活动而发生的变更出发。

可以根据意识、宗教或随便别的什么来区别人和动物。一当人开始**生产**自己的生活资料的时候,这一步是由他们的肉体组织所决定的,人本身就开始把自己和动物区别开来。人们生产自己的生活资料,同时间接地生产着自己的物质生活本身。

人们用以生产自己的生活资料的方式,首先取决于他们已有的和需要再生产的生活资料本身的特性。这种生产方式不应当只从它是个人肉体存在的再生产这方面加以考察。它在更大程度上是这些个人的一定的活动方式,是他们表现自己生活的一定方式、他们的一定的**生活方式**。个人怎样表现自己的生活,他们自己就是怎样。因此,他们是什么样的,这同他们的生产是一致的——既和他们生产什么一致,又和他们**怎样**生产一致。因而,个人是什么样的,这取决于他们进行生产的物质条件。

这种生产第一次是随着**人口的增长**而开始的。而生产本

---
① 手稿中删去以下这句话:"但是,这些条件不仅决定着人们最初的、自然形成的肉体组织,特别是他们之间的种族差别,而且直到如今还决定着肉体组织的整个进一步发展或不发展。"

身又是以个人彼此之间的**交往**［Verkehr］①为前提的。这种交往的形式又是由生产决定的。

各民族之间的相互关系取决于每一个民族的生产力、分工和内部交往的发展程度。这个原理是公认的。然而不仅一个民族与其他民族的关系，而且这个民族本身的整个内部结构也取决于自己的生产以及自己内部和外部的交往的发展程度。一个民族的生产力发展的水平，最明显地表现于该民族分工的发展程度。任何新的生产力，只要它不是迄今已知的生产力单纯的量的扩大（例如，开垦土地），都会引起分工的进一步发展。

一个民族内部的分工，首先引起工商业劳动同农业劳动的分离，从而也引起**城乡**的分离和城乡利益的对立。分工的进一步发展导致商业劳动同工业劳动的分离。同时，由于这些不同部门内部的分工，共同从事某种劳动的个人之间又形成不同的分工。这种种分工的相互关系取决于农业劳动、工业劳动和商业劳动的经营方式（父权制、奴隶制、等级、阶

---

① "交往"(Verkehr)这个术语在《德意志意识形态》中含义很广。它包括单个人、社会团体以及国家之间的物质交往和精神交往。马克思和恩格斯在这部著作中指出：物质交往，而首先是人们在生产过程中的交往，这是任何其他交往的基础。《德意志意识形态》中所用的一些术语："交往形式"、"交往方式"、"交往关系"、"生产和交往的关系"，表达了马克思和恩格斯在这个时期形成的生产关系概念。

级)。在交往比较发达的条件下,同样的情况也会在各民族间的相互关系中出现。

分工发展的各个不同阶段,同时也就是所有制的各种不同形式。这就是说,分工的每一个阶段还决定个人的与劳动材料、劳动工具和劳动产品有关的相互关系。

第一种所有制形式是部落[Stamm]①所有制。它与生产的不发达阶段相适应,当时人们靠狩猎、捕鱼、牧畜,或者最多靠耕作为生。在后一种情况下,它是以有大量未开垦的土地为前提的。在这个阶段,分工还很不发达,仅限于家庭中现有的自然形成的分工的进一步扩大。因此,社会结构只限于家庭的扩大:父权制的部落首领,他们管辖的部落成员,最后是奴隶。潜在于家庭中的奴隶制,是随着人口和需求的增长,随着战争和交易这种外部交往的扩大而逐渐发展起来的。

第二种所有制形式是古典古代的公社所有制和国家所有制。这种所有制是由于几个部落通过契约或征服联合为一个

---

① 马克思和恩格斯使用的术语Stamm,在本文中译为"部落"。在19世纪中叶的历史科学中,这个术语的含义比现在广泛。它是指渊源于共同祖先的人们的共同体,包括近代所谓的"氏族"和"部落"。美国的民族学家路易·亨利·摩尔根在其主要著作《古代社会》(1877年)中第一次把"氏族"和"部落"这两个概念区分开来,并下了准确的定义。摩尔根指明,氏族是原始公社制度的基层单位,从而为原始社会的全部历史奠定了科学的基础。恩格斯在《家庭、私有制和国家的起源》(见本选集第4卷第1—179页)一书中总结了摩尔根的这些发现,全面地解释了氏族和部落这两个概念的内容。

城市而产生的。在这种所有制下仍然保存着奴隶制。除公社所有制以外，动产私有制以及后来的不动产私有制已经发展起来，但他们是作为一种反常的、从属于公社所有制的形式发展起来的。公民仅仅共同享有支配自己那些做工的奴隶的权力，因此受公社所有制形式的约束。这是积极公民的一种共同私有制，他们面对着奴隶不得不保存这种自然形成的联合方式。因此，建筑在这个基础上的整个社会结构，以及与此相联系的人民权力，随着私有制，特别是不动产私有制的发展而逐渐趋向衰落。分工已经比较发达。城乡之间的对立已经产生，后来，一些代表城市利益的国家同另一些代表乡村利益的国家之间的对立出现了。在城市内部存在着工业和海外贸易之间的对立。公民和奴隶之间的阶级关系已经充分发展。

随着私有制的发展，这里第一次出现了这样的关系，这些关系我们在考察现代私有制时还会遇见，不过规模更为巨大而已。一方面是私有财产的集中，这种集中在罗马很早就开始了（李奇尼乌斯土地法①就是证明），从内战发生以来，尤其是在王政时期，发展得非常迅速；另一方面是由此而来的平民小农向无产阶级的转化，然而，后者由于处于有产者公民和奴隶之间的中间地位，并未获得独立的发展。

第三种形式是封建的或等级的所有制。古代的起点是**城市**及其狭小的领域，中世纪的起点则是**乡村**。地广人稀，居住分散，而征服者也没有使人口大量增加，——这种情况决定了起点有这样的变化。因此，与希腊和罗马相反，封建制度的发展是在一个宽广得多的、由罗马的征服以及起初就同征服联系在一起的农业的普及所准备好了的地域中开始的。趋于衰落的罗马帝国的最后几个世纪和蛮族对它的征服本身，使得生产力遭到了极大的破坏；农业衰落了，工业由于缺乏销路而一蹶不振，商业停滞或被迫中断，城乡居民减少了。这些情况以及受其制约的进行征服的组织方式，在日耳曼人

---

① 李奇尼乌斯土地法是公元前367年在古罗马通过的一项法律，又称李奇尼乌斯法。该法对于把公有地转交个人使用的权利作了某种限制，并且规定撤销部分债务。该法反对大土地占有制和贵族特权的增长，反映出平民的经济地位和政治地位有所加强。根据罗马的传统说法，该法是罗马护民官李奇尼乌斯和塞克斯蒂乌斯制定的。

在罗马发生的内战，通常是指罗马统治阶级的各种集团之间从公元前2世纪末至公元前30年持续进行的斗争。这些内战连同日益增长的阶级矛盾和奴隶起义加速了罗马共和国的衰亡，并且导致罗马帝国的建立（公元前30年）。在恩格斯的《家庭、私有制和国家的起源》一书中（见本选集第4卷第134—146页）以及《法兰克时代》一文中（《马克思恩格斯全集》第19卷第560—563页）均有关于日耳曼人的军事制度的论述。

的军事制度的影响下，发展了封建所有制。这种所有制像部落所有制和公社所有制一样，也是以一种共同体［Gemeinwe-sen］为基础的。但是作为直接进行生产的阶级而与这种共同体对立的，已经不是与古典古代的共同体相对立的奴隶，而是小农奴。随着封建制度的充分发展，也产生了与城市对立的现象。土地占有的等级结构以及与此相联系的武装扈从制度使贵族掌握了支配农奴的权力。这种封建结构同古典古代的公社所有制一样，是一种联合，其目的在于对付被统治的生产者阶级；只是联合的形式和对于直接生产者的关系有所不同，因为出现了不同的生产条件。

在**城市中**与这种土地占有的封建结构相适应的是同业公会所有制，即手工业的封建组织。在这里财产主要在于个人的劳动。联合起来反对成群搭伙的掠夺成性的贵族的必要性，在实业家同时又是商人的时期对公共商场的需要，流入当时繁华城市的逃亡农奴的竞争的加剧，全国的封建结构，——所有这一切产生了行会；个别手工业者逐渐积蓄起少量资本，而且在人口不断增长的情况下他们的人数没有什么变动，这就使得帮工制度和学徒制度发展起来，而这种制度在城市里产生了一种和农村等级制相似的等级制。

这样，封建时代的所有制的主要形式，一方面是土地所有制和束缚于土地所有制的农奴劳动，另一方面是拥有少量资本并支配着帮工劳动的自身劳动。这两种所有制的结构都是由狭隘的生产关系——小规模的粗陋的土地耕作和手工业式的工业——决定的。在封建制度的繁荣时代，分工是很少的。每一个国家都存在着城乡之间的对立；等级结构固然表现得非常鲜明，但是除了在乡村里有王公、贵族、僧侣和农民的划分，在城市里有师傅、帮工、学徒以及后来的平民短工的划分之外，就再没有什么大的分工了。在农业中，分工因土地的小块耕作而受到阻碍，与这种耕作方式同时产生的还有农民自己的家庭工业；在工业中，各业手工业内部根本没有实行分工，而各业手工业之间的分工也是非常少的。在比较老的城市中，工业和商业早就分工了；而在比较新的城市中，只是在后来当这些城市彼此发生了关系的时候，这样的分工才发展起来。

比较广大的地区联合为封建王国，无论对于土地贵族或城市来说，都是一种需要。因此，统治阶级的组织即贵族的组织到处都在君主的领导之下。

———

由此可见，事情是这样的：以一定的方式进行生产活动的一定的个人[①]，发生一定的社会关系和政治关系。经验的观察在任何情况下都应当根据经验来揭示社会结构和政治结构同生产的联系，而不应当带有任何神秘和思辨的色彩。社会

———
① 手稿的最初方案："在一定的生产关系下的一定的个人。"

结构和国家总是从一定的个人的生活过程中产生的。但是,这里所说的个人不是他们自己或别人想象中的那种个人,而是**现实中的**个人,也就是说,这些个人是从事活动的,进行物质生产的,因而是在一定的物质的、不受他们任意支配的界限、前提和条件下活动着的①。

思想、观念、意识的生产最初是直接与人们的物质活动,与人们的物质交往,与现实生活的语言交织在一起的。人们的想象、思维、精神交往在这里还是人们物质行动的直接产物。表现在某一民族的政治、法律、道德、宗教、形而上学等的语言中的精神生产也是这样。人们是自己的观念、思想等等的生产者,②但这里所说的人们是现实的、从事活动的人们,他们受自己的生产力和与之相适应的交往的一定发展——直到交往的最遥远的形态——所制约。意识［das

---

① 手稿中删去以下这段话:"这些个人所产生的观念,或者是关于他们对自然界的关系的观念,或者是关于他们之间的关系的观念,或者是关于他们自身的状况的观念。显然,在这几种情况下,这些观念都是他们的现实关系和活动、他们的生产、他们的交往、他们的社会组织和政治组织有意识的表现,而不管这种表现是现实的还是虚幻的。相反的假设,只有在除了现实的、受物质制约的个人的精神以外还假定有某种特殊的精神的情况下才能成立。如果这些个人的现实关系的有意识的表现是虚幻的,如果他们在自己的观念中把自己的现实颠倒过来,那么这又是由他们狭隘的物质活动方式以及由此而来的他们狭隘的社会关系造成的。"
② 手稿中删去以下这句话:"而且人们是受他们的物质生活的生产方式,他们的物质交往和这种交往在社会结构和政治结构中的进一步发展所制约的。"

Bewuβtsein]在任何时候都只能是被意识到了的存在[dasbewuβte Sein]，而人们的存在就是他们的现实生活过程。如果在全部意识形态中，人们和他们的关系就像在照相机中一样是倒立呈像的，那么这种现象也是从人们生活的历史过程中产生的，正如物体在视网膜上的倒影是直接从人们生活的生理过程中产生的一样。

德国哲学从天国降到人间；和它完全相反，这里我们是从人间升到天国。这就是说，我们不是从人们所说的、所设想的、所想象的东西出发，也不是从口头说的、思考出来的、设想出来的、想象出来的人出发，去理解有血有肉的人。我们的出发点是从事实际活动的人，而且从他们的现实生活过程中还可以描绘出这一生活过程在意识形态上的反射和反响的发展。甚至人们头脑中的模糊幻象也是他们的可以通过经验来确认的、与物质前提相联系的物质生活过程的必然升华物。因此，道德、宗教、形而上学和其他意识形态，以及与它们相适应的意识形式便不再保留独立性的外观了。它们没有历史，没有发展，而发展着自己的物质生产和物质交往的人们，在改变自己的这个现实的同时也改变着自己的思维和思维的产物。不是意识决定生活，而是生活决定意识。前一种考察方法从意识出发，把意识看作是有生命的个人。后一种符合现实生活的考察方法则从现实的、有生命的个人本身出发，把意识仅仅看作是**他们**的意识。

这种考察方法不是没有前提的。它从现实的前提出发，它一刻也不离开这种前提。它的前提是人，但不是处在某种虚幻的离群索居和固定不变状态中的人，而是处在现实的、可以通过经验观察到的、在一定条件下进行的发展过程中的人。只要描绘出这个能动的生活过程，历史就不再像那些本身还是抽象的经验论者所认为的那样，是一些僵死的事实的汇集，也不再像唯心主义者所认为的那样，是想象的主体的想象活动。

在思辨终止的地方，在现实生活面前，正是描述人们实践活动和实际发展过程的真正的实证科学开始的地方。关于意识的空话将终止，它们一定会被真正的知识所代替。对现实的描述会使独立的哲学失去生存环境，能够取而代之的充其量不过是从对人类历史发展的考察中抽象出来的最一般的结果的概括。这些抽象本身离开了现实的历史就没有任何价值。它们只能对整理历史资料提供某些方便，指出历史资料的各个层次的顺序。但是这些抽象与哲学不同，它们绝不提供可以适用于各个历史时代的药方或公式。相反，只是在人们着手考察和整理资料——不管是有关过去时代的还是有关当代的资料——的时候，在实际阐述资料的时候，困难才开始出现。这些困难的排除受到种种前提的制约，这些前提在这里是根本不可能提供出来的，而只能从对每个时代的个人的现实生活过程和活动的研究中产生。这里我们只举出几个我们用来与意识形态相对照的抽象，并用历史的例子来加以说明。

[Ⅱ]

当然，我们不想花费精力①去启发我们的聪明的哲学家，使他们懂得：如果他们把哲学、神学、实体和一切废物消融在"自我意识"中，如果他们把"人"从这些词句的统治下——而人从来没有受过这些词句的奴役——解放出来，那么"人"的"解放"也并没有前进一步；只有在现实的世界中并使用现实的手段才能实现真正的解放②；没有蒸汽机和珍妮走锭精纺机就不能消灭奴隶制；没有改良的农业就不能消灭农奴制；当人们还不能使自己的吃喝住穿在质和量方面得到充分保证的时候，人们就根本不能获得解放。"解放"是一种历史活动，不是思想活动，"解放"是由历史的关系，是由工业状况、商业状况、农业状况、交往状况促成的［……］③其次，还要根据它们的不同发展阶段，清除实体、主体、自我意识和纯批判等无稽之谈，正如同清除宗教的和神学的无

---
① 马克思加了边注："**费尔巴哈。**"
② 马克思加了边注："哲学的和真正的解放。——一般人。**唯一者。个人。**——地质、水文等等条件。人体。需要和劳动。"
③ 手稿残缺。

稽之谈一样,而且在它们有了更充分的发展以后再次清除这些无稽之谈。①当然,在像德国这样一个具有微不足道的历史发展的国家里,这些思想发展,这些被捧上了天的、毫无作用的卑微琐事弥补了历史发展的不足,它们已经根深蒂固,必须同它们进行斗争。②但这是具有地域性意义的斗争。

[……]③实际上,而且对**实践的**唯物主义者即**共产主义者**来说,全部问题都在于使现存世界革命化,实际地反对并改变现存的事物。④如果在费尔巴哈那里有时也遇见类似的观点,那么它们始终不过是一些零星的猜测,而且对费尔巴哈的总的观点的影响微乎其微,以致只能把它们看作是具有发展能力的萌芽。费尔巴哈对感性世界的"理解"一方面仅仅局限于对这一世界的单纯的直观,另一方面仅仅局限于单纯的感觉。费尔巴哈设定的是"**一般人**",而不是"现实的历史的人"⑤。"**一般人**"实际上是"德国人"。在前一种情况下,在对感性世界的**直观**中,他不可避免地碰到与他的意识和他的感觉相矛盾的东西,这些东西扰乱了他所假定的感性世界的一切部分的和谐,特别是人与自然界的和谐。为了排除这

---

① 马克思加了边注:"词句和现实的运动。"
② 马克思加了边注:"词句对德国的意义。"
③ 这里缺五页手稿。
④ 马克思加了边注:"**费尔巴哈。**"
⑤ 马克思和恩格斯在这里和后面的论述,主要涉及路·费尔巴哈的著作《未来哲学原理》,并且从中引用了费尔巴哈的一些用语。

些东西,他不得不求助于某种二重性的直观,这种直观介于仅仅看到"眼前"的东西的普通直观和看出事物的"真正本质"的高级的哲学直观之间。①他没有看到,他周围的感性世界决不是某种开天辟地以来就直接存在的、始终如一的东西,而是工业和社会状况的产物,是历史的产物,是世世代代活动的结果,其中每一代都立足于前一代所达到的基础上,继续发展前一代的工业和交往,并随着需要的改变而改变它的社会制度。甚至连最简单的"感性确定性"的对象也只是由于社会发展、由于工业和商业交往才提供给他的。大家知道,樱桃树和几乎所有的果树一样,只是在数世纪以前由于**商业**才移植到我们这个地区。由此可见,樱桃树只是由于一定的社会在一定时期的这种活动才为费尔巴哈的"感性确定性"所感知。②

此外,只要这样按照事物的真实面目及其产生情况来理解事物,任何深奥的哲学问题——后面将对这一点作更清楚的说明——都可以十分简单地归结为某种经验的事实。人对自然的关系这一重要问题(或者如布鲁诺所说的(第110

---

① 恩格斯加了边注:"注意:费尔巴哈的错误不在于他使眼前的东西即感性**外观**从属于通过对感性事实作比较精确的研究而确认的感性现实,而在于他要是不用**哲学家**的'眼睛',就是说,要是不戴哲学家的'眼镜'来观察感性,最终会对感性束手无策。"

② 马克思加了边注:"**费尔巴哈。**"

页)①,"自然和历史的对立",好像这是两种互不相干的"事物",好像人们面前始终不会有历史的自然和自然的历史),就是一个例子,这是一个产生了关于"实体"和"自我意识"的一切"高深莫测的创造物"②的问题。然而,如果懂得在工业中向来就有那个很著名的"人和自然的统一",而且这种统一在每一个时代都随着工业或慢或快的发展而不断改变,就像人与自然的"斗争"促进其生产力在相应基础上的发展一样,那么上述问题也就自行消失了。工业和商业、生活必需品的生产和交换,一方面制约着分配,不同社会阶级的划分,同时它们在自己的运动形式上又受着后者的制约。这样一来,打个比方说,费尔巴哈在曼彻斯特只看见一些工厂和机器,而一百年以前在那里只能看见脚踏纺车和织布机;或者,他在罗马的坎帕尼亚只发现一些牧场和沼泽,而在奥古斯都时代在那里只能发现罗马资本家的葡萄园和别墅。③费尔巴哈特别谈到自然科学的直观,提到一些只有物理学家和化学家的眼睛才能识破的秘密,但是如果没有工业和商业,哪里会有自然科学呢?甚至这个"纯粹的"自然科学也只是由于商业和工业,由于人们的感性活动才达到自己的目的和获得自己的材料的。这种活动、这种连续不断的感性劳动和创造、这

---

① 布·鲍威尔《评路德维希·费尔巴哈》。
② 歌德《浮士德。天上序幕》。
③ 马克思加了边注:"**费尔巴哈。**"

种生产，正是整个现存的感性世界的基础，它哪怕只中断一年，费尔巴哈就会看到，不仅在自然界将发生巨大的变化，而且整个人类世界以及他自己的直观能力，甚至他本身的存在也会很快就没有了。当然，在这种情况下，外部自然界的优先地位仍然会保持着，而整个这一点当然不适用于原始的、通过自然发生的途径产生的人们。但是，这种区别只有在人被看作是某种与自然界不同的东西时才有意义。此外，先于人类历史而存在的那个自然界，不是费尔巴哈生活其中的自然界；这是除去在澳洲新出现的一些珊瑚岛以外今天在任何地方都不再存在的，因而对于费尔巴哈来说也是不存在的自然界。

　　诚然，费尔巴哈比"纯粹的"唯物主义者有很大的优点：他承认人也是"感性对象"。但是，他把人只看作是"感性对象"，而不是"感性活动"，因为他在这里也仍然停留在理论的领域内，没有从人们现有的社会联系，从那些使人们成为现在这种样子的周围生活条件来观察人们——这一点且不说，他还从来没有看到现实存在着的、活动的人，而是停留于抽象的"人"，并且仅仅限于在感情范围内承认"现实的、单个的、肉体的人"，也就是说，除了爱与友情，而且是观念化了的爱与友情以外，他不知道"人与人之间"还有什么其他的

"人的关系"。①他没有批判现在的爱的关系。可见,他从来没有把感性世界理解为构成这一世界的个人的全部活生生的感性**活动**,因而比方说,当他看到的是大批患瘰疬病的、积劳成疾的和患肺痨的穷苦人而不是健康人的时候,他便不得不求助于"最高的直观"和观念上的"类的平等化",这就是说,正是在共产主义的唯物主义者看到改造工业和社会结构的必要性和条件的地方,他却重新陷入唯心主义。②

当费尔巴哈是一个唯物主义者的时候,历史在他的视野之外;当他去探讨历史的时候,他不是一个唯物主义者。在他那里,唯物主义和历史是彼此完全脱离的。这一点从上面所说的看来已经非常明显了③。

我们谈的是一些没有任何前提的德国人,因此我们首先应当确定一切人类生存的第一个前提,也就是一切历史的第一个前提④,这个前提是:人们为了能够"创造历史",必须能够生活⑤。但是为了生活,首先就需要吃喝住穿以及其他一些东西。因此第一个历史活动就是生产满足这些需要的资料,

---

① 马克思加了边注:"**费尔巴哈**。"
② 马克思加了边注:"**费尔巴哈**。"
③ 手稿中删去以下这段话:"我们之所以在这里比较详细地谈论历史,只是因为德国人习惯于用'历史'和'历史的'这些字眼随心所欲地想象,但就是不涉及现实。'说教有术的'圣布鲁诺就是一个出色的例子。"
④ 马克思加了边注:"**历史**。"
⑤ 马克思加了边注:"**黑格尔**。地质、水文等等的条件。人体。需要,劳动。"

即生产物质生活本身，而且这是这样的历史活动，一切历史的一种基本条件，人们单是为了能够生活就必须每日每时去完成它，现在和几千年前都是这样。即使感性在圣布鲁诺那里被归结为像一根棍子那样微不足道的东西①，它仍然必须以生产这根棍子的活动为前提。因此任何历史观的第一件事情就是必须注意上述基本事实的全部意义和全部范围，并给予应有的重视。大家知道，德国人从来没有这样做过，所以他们从来没有为历史提供**世俗**基础，因而也从来没有过一个历史学家。法国人和英国人尽管对这一事实同所谓的历史之间的联系了解得非常片面——特别是因为他们受政治思想的束缚——，但毕竟作了一些为历史编纂学提供唯物主义基础的初步尝试，首次写出了市民社会史、商业史和工业史。

　　第二个事实是，已经得到满足的第一个需要本身、满足需要的活动和已经获得的为满足需要而用的工具又引起新的需要，而这种新的需要的产生是第一个历史活动。从这里立即可以明白，德国人的伟大历史智慧是谁的精神产物。德国人认为，凡是在他们缺乏实证材料的地方，凡是在神学、政治和文学的谬论不能立足的地方，就没有任何历史，那里只有"史前时期"；至于如何从这个荒谬的"史前历史"过渡到真正的历史，他们却没有对我们作任何解释。不过另一方面，

―――――――
① 指布·鲍威尔在《评路德维希·费尔巴哈》一文中的观点。

他们的历史思辨所以特别热衷于这个"史前历史",是因为他们认为在这里他们不会受到"粗暴事实"的干预,而且还可以让他们的思辨欲望得到充分的自由,创立和推翻成千上万的假说。

一开始就进入历史发展过程的第三种关系是:每日都在重新生产自己生命的人们开始生产另外一些人,即繁殖。这就是夫妻之间的关系,父母和子女之间的关系,也就是**家庭**。这种家庭起初是唯一的社会关系,后来,当需要的增长产生了新的社会关系而人口的增多又产生了新的需要的时候,这种家庭便成为从属的关系了(德国除外)。这时就应该根据现有的经验材料来考察和阐明家庭,而不应该像通常在德国所做的那样,根据"家庭的概念"来考察和阐明家庭。此外,不应该把社会活动的这三个方面看作是三个不同的阶段,而只应该看作是三个方面,或者,为了使德国人能够了解,把它们看作是三个"因素"。从历史的最初时期起,从第一批人出现时,这三个方面就同时存在着,而且现在也还在历史上起着作用。

这样,生命的生产,无论是通过劳动而达到的自己生命的生产,或是通过生育而达到的他人生命的生产,就立即表现为双重关系:一方面是自然关系,另一方面是社会关系;社会关系的含义在这里是指许多个人的共同活动,至于这种活动在什么条件下、用什么方式和为了什么目的而进行,则是无关紧要的。由此可见，一定的生产方式或一定的工业阶段始终是与一定的共同活动方式或一定的社会阶段联系着的，而这种共同活动方式本身就是"生产力"；由此可见，人们所达到的生产力的总和决定着社会状况，因而，始终必须把"人类的历史"同工业和交换的历史联系起来研究和探讨。但是，这样的历史在德国是写不出来的，这也是很明显的，因为对于德国人来说，要做到这一点不仅缺乏理解能力和材料，而且还缺乏"感性确定性"；而在莱茵河彼岸之所以不可能有关于这类事情的任何经验，是因为那里再没有什么历史。由此可见，一开始就表明了人们之间是有物质联系的。这种联系是由需要和生产方式决定的，它和人本身有同样长久的历史；这种联系不断采取新的形式，因而就表现为"历史"，它不需要有专门把人们联合起来的任何政治的或宗教的呓语。

只有现在，在我们已经考察了原初的历史的关系的四个因素、四个方面之后，我们才发现：人还具有"意识"①。但是这种意识并非一开始就是"纯粹的"意识。"精神"从一开始就很倒霉，受到物质的"纠缠"，物质在这里表现为振动着的空气层、声音，简言之，即语言。语言和意识具有同样长久的历史；语言**是**一种实践的、既为别人存在因而也为我自

---

① 马克思加了边注："人们之所以有历史，是因为他们必须**生产**自己的生活，而且必须用**一定的**方式来进行：这是受他们的肉体组织制约的，人们的意识也是这样受制约的。"

身而存在的、现实的意识。语言也和意识一样,只是由于需要,由于和他人交往的迫切需要才产生的。①凡是有某种关系存在的地方,这种关系都是为我而存在的;动物不对什么东西发生"关系",而且根本没有"**关系**";对于动物来说,它对他物的关系不是作为关系存在的。因而,意识一开始就是社会的产物,而且只要人们存在着,它就仍然是这种产物。当然,意识起初只是对**直接的**可感知的环境的一种意识,是对处于开始意识到自身的个人之外的其他人和其他物的狭隘联系的一种意识。同时,它也是对自然界的一种意识,自然界起初是作为一种完全异己的、有无限威力的和不可制服的力量与人们对立的,人们同自然界的关系完全像动物同自然界的关系一样,人们就像牲畜一样慑服于自然界,因而,这是对自然界的一种纯粹动物式的意识(自然宗教)②;但是,另一方面,意识到必须和周围的个人来往,也就是开始意识到人总是生活在社会中的。这个开始,同这一阶段的社会生活本身一样,带有动物的性质;这是纯粹的畜群意识,这里,人和绵羊不同的地方只是在于:他的意识代替了他的本能,

---

① 手稿中删去以下这句话:"我对我的环境的关系是我的意识。"
② 马克思加了边注:"这里立即可以看出,这种自然宗教或对自然界的这种特定关系,是由社会形式决定的,反过来也是一样。这里和任何其他地方一样,自然界和人的同一性也表现在:人们对自然界的狭隘的关系决定着他们之间的狭隘的关系,而他们之间的狭隘的关系又决定着他们对自然界的狭隘的关系,这正是因为自然界几乎还没有被历史的进程所改变。"

或者说他的本能是被意识到了的本能。由于生产效率的提高，需要的增长以及作为二者基础的人口的增多，这种绵羊意识或部落意识获得了进一步的发展和提高。与此同时分工也发展起来。分工起初只是性行为方面的分工，后来是由于天赋（例如体力）、需要、偶然性等等才自发地或"自然形成"分工。分工只是从物质劳动和精神劳动分离的时候起才真正成为分工[①]。从这时候起意识**才能**现实地想象：它是和现存实践的意识不同的某种东西；它不用想象某种现实的东西就能现实地想象某种东西。从这时候起，意识才能摆脱世界而去构造"纯粹的"理论、神学、哲学、道德等等。但是，如果这种理论、神学、哲学、道德等等和现存的关系发生矛盾，那么，这仅仅是因为现存的社会关系和现存的生产力发生了矛盾。不过，在一定民族的各种关系的范围内，这也可能不是因为现在该民族范围内出现了矛盾，而是因为在该民族意识和其他民族的实践之间，亦即在某一民族的民族意识和普遍意识之间[②]出现了矛盾（就像目前德国的情形那样）——既然这个矛盾似乎只表现为民族意识范围内的矛盾，那么在这个民族看来，斗争也就限于这种民族废物，因为这个民族就是废物本身。但是，意识本身究竟采取什么形式，这是完全无关紧要的。我们从这一大堆赘述中只能得出一个结论：上述

---

① 马克思加了边注："与此相适应的是玄想家的、**僧侣**的最初形式。"
② 马克思加了边注："**宗教**。具有真正的**意识形态**的德国人。"

三个因素即生产力、社会状况和意识，彼此之间可能而且一定会发生矛盾，因为分工不仅使精神活动和物质活动①、享受和劳动、生产和消费由不同的个人来分担这种情况成为可能，而且成为现实，而要使这三个因素彼此不发生矛盾，则只有再消灭分工。此外，不言而喻，"怪影"、"枷锁"、"最高存在物"、"概念"、"疑虑"显然只是孤立的个人的一种唯心的、思辨的、精神的表现，只是他的观念，即关于真正经验的束缚和界限的观念；生活的生产方式以及与此相联系的交往形式就在这些束缚和界限的范围内运动着。②

分工包含着所有这些矛盾，而且又是以家庭中自然形成的分工和以社会分裂为单个的、互相对立的家庭这一点为基础的。与这种分工同时出现的还有**分配**，而且是劳动及其产品的**不平等**的分配（无论在数量上或质量上）；因而产生了所有制，它的萌芽和最初形式在家庭中已经出现，在那里妻子和儿女是丈夫的奴隶。家庭中这种诚然还非常原始和隐蔽的奴隶制，是最初的所有制，但就是这种所有制也完全符合现代经济学家所下的定义，即所有制是对他人劳动力的支配。

---

① 手稿中删去以下这句话："活动和思维，即没有思想的活动和没有活动的思想。"
② 手稿中删去以下这句话："这种关于现存的经济界限的唯心主义表现，不是纯粹理论上的，而且在实际的意识中也存在着，就是说，使自己自由存在的并且同现存的生产方式相矛盾的意识，不是仅仅构成宗教和哲学，而且也构成国家。"

其实，分工和私有制是相等的表达方式，对同一件事情，一个是就活动而言，另一个是就活动的产品而言。

其次，随着分工的发展也产生了单个人的利益或单个家庭的利益与所有互相交往的个人的共同利益之间的矛盾；而且这种共同利益不是仅仅作为一种"普遍的东西"存在于观念之中，而首先是作为彼此有了分工的个人之间的相互依存关系存在于现实之中。

正是由于特殊利益和共同利益之间的这种矛盾，共同利益才采取**国家**这种与实际的单个利益和全体利益相脱离的独立形式，同时采取虚幻的共同体的形式，而这始终是在每一个家庭集团或部落集团中现有的骨肉联系、语言联系、较大规模的分工联系以及其他利益的联系的现实基础上，特别是在我们以后将要阐明的已经由分工决定的阶级的基础上产生的，这些阶级是通过每一个这样的人群分离开来的，其中一个阶级统治着其他一切阶级。从这里可以看出，国家内部的一切斗争——民主政体、贵族政体和君主政体相互之间的斗争，争取选举权的斗争等等，不过是一些虚幻的形式——普遍的东西一般说来是一种虚幻的共同体的形式——，在这些形式下进行着各个不同阶级间的真正的斗争（德国的理论家们对此一窍不通,尽管在《德法年鉴》①和《神圣家族》②中已经十分明确地向他们指出过这一点)。从这里还可以看出,每一个力图取得统治的阶级,即使它的统治要求消灭整个旧的社会形式和一切统治,就像无产阶级那样,都必须首先夺取政权,以便把自己的利益又说成是普遍的利益,而这是它在初期不得不如此做的。

正因为各个人所追求的仅仅是自己的特殊的、对他们来说是同他们的共同利益不相符合的利益,所以他们认为,这种共同利益是"异己的"和"不依赖"于他们的,即仍旧是一种特殊的独特的"普遍"利益,或者说,他们本身必须在这种不一致的状况下活动,就像在民主制中一样。另一方面,这些始终真正地同共同利益和虚幻的共同利益相对抗的特殊利益所进行的实际斗争,使得通过国家这种虚幻的"普遍"利益来进行**实际的**干涉和约束成为必要。

最后,分工立即给我们提供了第一个例证,说明只要人们还处在自然形成的社会中,就是说,只要特殊利益和共同

---

① 《德法年鉴》是马克思提议创办、由阿·卢格和马克思在巴黎编辑出版的德文杂志,仅仅在1844年2月出版过一期双刊号。其中除了载有《〈黑格尔法哲学批判〉导言》以外,还刊载有马克思的著作《论犹太人问题》,以及恩格斯的著作《国民经济学批判大纲》和《英国状况评托马斯·卡莱尔的〈过去和现在〉》。这些著作标志着马克思和恩格斯从革命民主主义最终转向唯物主义和共产主义。杂志停刊的主要原因是马克思和卢格之间存在原则分歧。
② 马克思和恩格斯《神圣家族,或对批判的批判所作的批判。驳布鲁诺·鲍威尔及其伙伴》,见《马克思恩格斯全集》第2卷第3—268页。

利益之间还有分裂，也就是说，只要分工还不是出于自愿，而是自然形成的，那么人本身的活动对人来说就成为一种异己的、同他对立的力量，这种力量压迫着人，而不是人驾驭着这种力量。原来，当分工一出现之后，任何人都有自己一定的特殊的活动范围，这个范围是强加于他的，他不能超出这个范围：他是一个猎人、渔夫或牧人，或者是一个批判的批判者，只要他不想失去生活资料，他就始终应该是这样的人。而在共产主义社会里，任何人都没有特殊的活动范围，而是都可以在任何部门内发展，社会调节着整个生产，因而使我有可能随自己的兴趣今天干这事，明天干那事，上午打猎，下午捕鱼，傍晚从事畜牧，晚饭后从事批判，这样就不会使我老是一个猎人、渔夫、牧人或批判者。社会活动的这种固定化，我们本身的产物聚合为一种统治我们、不受我们控制、使我们的愿望不能实现并使我们的打算落空的物质力量，这是迄今为止历史发展的主要因素之一。受分工制约的不同个人的共同活动产生了一种社会力量，即扩大了的生产力。因为共同活动本身不是自愿地而是自然形成的，所以这种社会力量在这些个人看来就不是他们自身的联合力量，而是某种异己的、在他们之外的强制力量。关于这种力量的起源和发展趋向，他们一点也不了解；因而他们不再能驾驭这种力量，相反地，这种力量现在却经历着一系列独特的、不仅不依赖于人们的意志和行为反而支配着人们的意志和行为的发展阶段。

　　这种"**异化**"（用哲学家易懂的话来说）当然只有在具备了两个**实际**前提之后才会消灭。要使这种异化成为一种"不堪忍受的"力量，即成为革命所要反对的力量，就必须让它把人类的大多数变成完全"没有财产的"人，同时这些人又同现存的有钱有教养的世界相对立，而这两个条件都是以生产力的巨大增长和高度发展为前提的。另一方面，生产力的这种发展（随着这种发展，人们的**世界历史性的**而不是地域性的存在同时已经是经验的存在了）之所以是绝对必需的实际前提，还因为如果没有这种发展，那就只会有**贫穷**、极端贫困的普遍化；而在**极端贫困**的情况下，必须重新开始争取必需品的斗争，全部陈腐污浊的东西又要死灰复燃。其次，生产力的这种发展之所以是绝对必需的实际前提，还因为：只有随着生产力的这种普遍发展，人们的**普遍**交往才能建立起来；普遍交往，一方面，可以产生一切民族中同时都存在着"没有财产的"群众这一现象（普遍竞争），使每一民族都依赖于其他民族的变革；最后，地域性的个人为**世界历史性的**、经验上普遍的个人所代替。不这样，（1）共产主义就只能作为某种地域性的东西而存在；（2）交往的**力量**本身就不可能发展成为一种**普遍的**因而是不堪忍受的力量：它们会依然处于地方的、笼罩着迷信气氛的"状态"；（3）交往的任何扩大都会消灭地域性的共产主义。共产主义只有作为占统治地位的各民族"一下子"同时发生的行动，在经验上才是可能的，①而这是以生产力的普遍发展和与此相联系的世界交往为前提的。

共产主义对我们来说不是应当确立的**状况**，不是现实应当与之相适应的**理想**。我们所称为共产主义的是那种消灭现存状况的**现实的**运动。这个运动的条件是由现有的前提产生的。

此外，许许多多人**仅仅**依靠自己劳动为生——大量的劳力与资本隔绝或甚至连有限地满足自己的需要的可能性都被剥夺，——从而由于竞争，他们不再是暂时失去作为有保障的生活来源的工作，他们陷于绝境，这种状况是以**世界市场**的存在为前提的。因此，无产阶级只有**在世界历史意义上才**能存在，就像共产主义——它的事业——只有作为"世界历史性的"存在才有可能实现一样。而各个人的世界历史性的存在，也就是与世界历史直接相联系的各个人的存在。

否则，例如财产一般怎么能够具有某种历史，采取各种不同的形式，例如地产怎么能够像今天实际生活中所发生的

---

① 关于无产阶级革命只有在一切先进的资本主义国家同时发生才可能胜利，因而不可能在一个国家内获得胜利的结论，恩格斯最早在《共产主义原理》(1847年)中作了明确的表述(见本卷第241页)。1850年，马克思和恩格斯已经预见到美国将发展成资本主义世界最大的经济强国，并认为欧洲要不陷入对美国的依附地位，唯一的条件就是进行社会革命。在这以后，他们再没有重提无产阶级革命同时发生的设想。

那样，根据现有的不同前提而发展呢？——在法国，从小块经营发展到集中于少数人之手，在英国，则是从集中于少数人之手发展到小块经营。或者贸易——它终究不过是不同个人和不同国家的产品交换，——怎么能够通过供求关系而统治全世界呢？用一位英国经济学家的话来说，这种关系就像古典古代的命运之神一样，遨游于寰球之上，用看不见的手把幸福和灾难分配给人们，把一些王国创造出来，又把它们毁掉，使一些民族产生，又使它们衰亡，但随着基础即随着私有制的消灭，随着对生产实行共产主义的调节以及这种调节所带来的人们对于自己产品的异己关系的消灭，供求关系的威力也将消失，人们将使交换、生产及他们发生相互关系的方式重新受自己的支配。

——

在过去一切历史阶段上受生产力制约同时又制约生产力的交往形式，就是**市民社会**。从前面已经可以得知，这个社会是以简单的家庭和复杂的家庭，即所谓部落制度作为自己的前提和基础的。关于市民社会的比较详尽的定义已经包括在前面的叙述中了。从这里已经可以看出，这个市民社会是全部历史的真正发源地和舞台，可以看出过去那种轻视现实关系而局限于言过其实的历史事件①的历史观何等荒谬。

到现在为止，我们主要只是考察了人类活动的一个方面——**人改造自然**。另一方面，是**人改造人**……②

国家的起源和国家同市民社会的关系。

———

历史不外是各个世代的依次交替。每一代都利用以前各代遗留下来的材料、资金和生产力；由于这个缘故，每一代一方面在完全改变了的环境下继续从事所继承的活动，另一方面又通过完全改变了的活动来变更旧的环境。然而，事情被思辨地扭曲成这样：好像后期历史是前期历史的目的，例如，好像美洲的发现的根本目的就是要促使法国大革命的爆发。于是历史便具有了自己特殊的目的并成为某个与"其他人物"（像"自我意识"、"批判"、"唯一者"等等）"并列的人物"。其实，前期历史的"使命"、"目的"、"萌芽"、"观念"等词所表示的东西，终究不过是从后期历史中得出的抽

———

① 历史事件的德文原文是 Haupt-und Staatsaktion。这个词本来是指17世纪和18世纪上半叶德国巡回剧团演出的戏剧。这些戏剧用夸大的，同时也用粗俗的和笑剧的方式展现悲剧性的历史事件。

这个词的引申意义是指重大的政治事件。德国历史科学中的一个流派"客观的历史编纂学"就是在这个意义上使用这个词的。莱·兰克是该派的主要代表之一。他把 Haupt-und Staatsaktion 看作是需要陈述的重要主题。客观的历史编纂学主要对国家的政治和外交历史感兴趣，宣称外交政治高于国内政治，无视人们的社会关系和他们在历史中的积极作用。

② 马克思加了边注："交往和生产力。"

象，不过是从前期历史对后期历史发生的积极影响中得出的抽象。

各个相互影响的活动范围在这个发展进程中越是扩大，各民族的原始封闭状态由于日益完善的生产方式、交往以及因交往而自然形成的不同民族之间的分工消灭得越是彻底，历史也就越是成为世界历史。例如，如果在英国发明了一种机器，它夺走了印度和中国的无数劳动者的饭碗，并引起这些国家的整个生存形式的改变，那么，这个发明便成为一个世界历史性的事实；同样，砂糖和咖啡是这样来表明自己在19世纪具有的世界历史意义的：拿破仑的大陆体系①所引起的这两种产品的匮乏推动了德国人起来反抗拿破仑，从而就成为光荣的1813年解放战争的现实基础。由此可见，历史向世界历史的转变，不是"自我意识"、宇宙精神或者某个形而上学怪影的某种纯粹的抽象行动，而是完全物质的、可以通过经验证明的行动，每一个过着实际生活的、需要吃、喝、穿的个人都可以证明这种行动。

单个人随着自己的活动扩大为世界历史性的活动，越来越受到对他们来说是异己的力量的支配（他们把这种压迫想

---

① 大陆体系或大陆封锁，是拿破仑第一在1805年法国舰队被英国舰队消灭后，于1806年11月21日宣布的命令。它禁止欧洲大陆各国同英国进行贸易。参加大陆封锁的有西班牙、那不勒斯、荷兰、普鲁士、丹麦、俄国和奥地利等国。1812年拿破仑在俄国遭到失败后，所谓的大陆封锁便瓦解了。

象为所谓宇宙精神等等的圈套），受到日益扩大的、归根结底表现为**世界市场**的力量的支配，这种情况在迄今为止的历史中当然也是经验事实。但是，另一种情况也具有同样的经验根据，这就是：随着现存社会制度被共产主义革命所推翻（下面还要谈到这一点）以及与这一革命具有同等意义的私有制的消灭，这种对德国理论家们来说是如此神秘的力量也将被消灭；同时，每一个单个人的解放的程度是与历史完全转变为世界历史的程度一致的[①]。至于个人的真正的精神财富完全取决于他的现实关系的财富，根据上面的叙述，这已经很清楚了。只有这样，单个人才能摆脱种种民族局限和地域局限而同整个世界的生产（也同精神的生产）发生实际联系，才能获得利用全球的这种全面的生产（人们的创造）的能力。各个人的**全面的**依存关系、他们的这种自然形成的**世界历史性的**共同活动的最初形式，由于这种共产主义革命而转化为对下述力量的控制和自觉的驾驭，这些力量本来是由人们的相互作用产生的，但是迄今为止对他们来说都作为完全异己的力量威慑和驾驭着他们。这种观点仍然可以被思辨地、唯心地、即幻想地解释为"类的自我产生"（"作为主体的社会"），从而把所有前后相继、彼此相联的个人想象为从事自我产生这种神秘活动的唯一的个人。这里很明显，尽管人们在肉体上和精

[①] 马克思加了边注："**关于意识的生产。**"

神上**互相**创造着,但是他们既不像圣布鲁诺胡说的那样,也不像"唯一者"、"被创造的"人那样创造自己本身。

最后,我们从上面所阐述的历史观中还可以得出以下的结论:(1)生产力在其发展的过程中达到这样的阶段,在这个阶段上产生出来的生产力和交往手段在现存关系下只能造成灾难,这种生产力已经不是生产的力量,而是破坏的力量(机器和货币)。与此同时还产生了一个阶级,它必须承担社会的一切重负,而不能享受社会的福利,它被排斥于社会之外,因而不得不同其他一切阶级发生最激烈的对立;这种阶级形成全体社会成员中的大多数,从这个阶级中产生出必须实行彻底革命的意识,即共产主义的意识,这种意识当然也可以在其他阶级中形成,只要它们认识到这个阶级的状况。(2)那些使一定的生产力能够得到利用的条件,是社会的一定阶级实行统治的条件,这个阶级的由其财产状况产生的社会权力,每一次都在相应的国家形式中获得**实践**的观念的①表现,因此一切革命斗争都是针对在此以前实行统治的阶级的②。(3)迄今为止的一切革命始终没有触动活动的性质,始终不过是按另外的方式分配这种活动,不过是在另一些人中间重新分配劳动,而共产主义革命则针对活动迄今具有的**性**

---

① 原文是 praktisch-idealistisch。
② 马克思加了边注:"这些人所关心的是维持现在的生产状况。"

质，**消灭劳动**①，并消灭任何阶级的统治以及这些阶级本身，因为完成这个革命的是这样一个阶级，它在社会上已经不算是一个阶级，它已经不被承认是一个阶级，它已经成为现今社会的一切阶级、民族等等的解体的表现。（4）无论为了使这种共产主义意识普遍地产生还是为了实现事业本身，使人们普遍地发生变化是必需的，这种变化只有在实际运动中，在**革命**中才有可能实现；因此，革命之所以必需，不仅是因为没有任何其他的办法能够推翻**统治**阶级，而且还因为**推翻**统治阶级的那个阶级，只有在革命中才能抛掉自己身上的一

———
① 手稿中删去以下这句话："消灭在……统治下活动的形式。"

切陈旧的肮脏东西，才能成为社会的新基础①。

由此可见，这种历史观就在于：从直接生活的物质生产出发阐述现实的生产过程，把同这种生产方式相联系的、它所产生的交往形式即各个不同阶段上的市民社会理解为整个历史的基础，从市民社会作为国家的活动描述市民社会，同时从市民社会出发阐明意识的所有各种不同理论的产物和形式，如宗教、哲学、道德等等，而且追溯它们产生的过程。

---

① 手稿中删去以下这段话："至于谈到革命的这种必要性，所有的共产主义者，不论是法国的、英国的或德国的，早就一致同意了，而圣布鲁诺却继续心安理得地幻想，认为'实在的人道主义'即共产主义所以取代'唯灵论的地位'（唯灵论根本没有什么地位）只是为了赢得崇敬。他继续幻想：那时候灵魂将得救，人间将成为天国，天国将成为人间。（神学家总是念念不忘天国）那时候欢乐和幸福将要永世高奏'天国的和谐曲'（第140页）（指布·鲍威尔的论文《评路德维希·费尔巴哈》，载于《维干德季刊》1845年第3卷。）。当末日审判——这一切都要在这一天发生，燃烧着的城市火光在天空的映照将是这一天的朝霞——突然来临的时候，当耳边响起由这种'天国的和谐曲'传出的有炮声为之伴奏、有断头台为之击节的《马赛曲》和《卡马尼奥拉曲》旋律的时候；当卑贱的'群众'高唱着çaira, çaira并把'自我意识'吊在路灯柱上（《马赛曲》《卡马尼奥拉曲》《çaira》（意为：就这么办）都是18世纪末法国资产阶级革命时期的革命歌曲。最后一首歌曲《caira》结尾的叠句是："好！就这么办，就这么办，就这么办。把贵族吊在路灯柱上！"）的时候，我们这位神圣的教父将会大吃一惊。圣布鲁诺毫无根据地为自己描绘了一幅'永世欢乐和幸福'的感奋人心的图画。'费尔巴哈的爱的宗教的追随者'在谈到与'天国的和谐曲'截然不同的革命时，好像关于这种欢乐和幸福有其独特的想法。我们没有兴致来事先构想圣布鲁诺在末日审判这一天的行为。至于应当把进行革命的无产者了解为反抗自我意识的'实体'或想要推翻批判的'群众'，还是了解为还没有足够的浓度来消化鲍威尔思想的一种精神'流射体'，这个问题也确实难以解决。"

这样当然也能够完整地描述事物（因而也能够描述事物的这些不同方面之间的相互作用）。①这种历史观和唯心主义历史观不同，它不是在每个时代中寻找某种范畴，而是始终站在现实历史的**基础**上，不是从观念出发来解释实践，而是从物质实践出发来解释观念的形成，由此还可得出下述结论：意识的一切形式和产物不是可以通过精神的批判来消灭的，不是可以通过把它们消融在"自我意识"中或化为"幽灵"、"怪影"、"怪想"②等等来消灭的，而只有通过实际地推翻这一切唯心主义谬论所由产生的现实的社会关系，才能把它们消灭；历史的动力以及宗教、哲学和任何其他理论的动力是革命，而不是批判。这种观点表明：历史不是作为"产生于精神的精神"消融在"自我意识"③中而告终的，而是历史的每一阶段都遇到一定的物质结果，一定的生产力总和，人对自然以及个人之间历史地形成的关系，都遇到前一代传给后一代的大量生产力、资金和环境，尽管一方面这些生产力、资金和环境为新的一代所改变，但另一方面，它们也预先规定新的一代本身的生活条件，使它得到一定的发展和具有特殊的性质。由此可见，这种观点表明：人创造环境，同样，环境也创造人。每个个人和每一代所遇到的现成的东西：生

---

① 马克思加了边注："**费尔巴哈。**"
② 麦·施蒂纳《唯一者及其所有物》一书中的用语。
③ 布·鲍威尔《评路德维希·费尔巴哈》一文中的用语。

产力、资金和社会交往形式的总和,是哲学家们想象为"实体"和"人的本质"的东西的现实基础,是他们神化了的并与之斗争的东西的现实基础,这种基础尽管遭到以"自我意识"和"唯一者"的身份出现的哲学家们的反抗,但它对人们的发展所起的作用和影响却丝毫也不因此而受到干扰。各代所遇到的这些生活条件还决定着这样的情况:历史上周期性地重演的革命动荡是否强大到足以摧毁现存一切的基础;如果还没有具备这些实行全面变革的物质因素,就是说,一方面还没有一定的生产力,另一方面还没有形成不仅反抗旧社会的个别条件,而且反抗旧的"生活生产"本身、反抗旧社会所依据的"总和活动"的革命群众,那么,正如共产主义的历史所证明的,尽管这种变革的**观念**已经表述过千百次,但这对于实际发展没有任何意义。

  迄今为止的一切历史观不是完全忽视了历史的这一现实基础,就是把它仅仅看成与历史过程没有任何联系的附带因素。因此,历史总是遵照在它之外的某种尺度来编写的;现实的生活生产被看成是某种非历史的东西,而历史的东西则被看成是某种脱离日常生活的东西,某种处于世界之外和超乎世界之上的东西。这样,就把人对自然界的关系从历史中排除出去了,因而造成了自然界和历史之间的对立。因此,这种历史观只能在历史上看到政治历史事件,看到宗教的和一般理论的斗争,而且在每次描述某一历史时代的时候,它都不得不赞同**这一时代的幻想**。例如，某一时代想象自己是由纯粹"政治的"或"宗教的"动因所决定的——尽管"宗教"和"政治"只是时代的现实动因的形式——，那么它的历史编纂学家就会接受这个意见。这些特定的人关于自己的真正实践的"想象"、"观念"变成一种支配和决定这些人的实践的唯一起决定作用的和积极的力量。印度人和埃及人借以实现分工的粗陋形式在这些民族的国家和宗教中产生了等级制度，所以历史学家便认为似乎等级制度是产生这种粗陋的社会形式的力量。法国人和英国人至少抱着一种毕竟是同现实最接近的政治幻想，而德国人却在"纯粹精神"的领域中兜圈子，把宗教幻想推崇为历史的动力。黑格尔的历史哲学是整个这种德国历史编纂学的最终的、达到自己"最纯粹的表现"的成果。对于**德国**历史编纂学来说，问题完全不在于现实的利益，甚至不在于政治的利益，而在于纯粹的思想。这种历史哲学后来在圣布鲁诺看来也一定是一连串的"思想"，其中一个吞噬一个，最终消失于"自我意识"中。圣麦克斯·施蒂纳更加彻底，他对全部现实的历史一窍不通，他认为历史进程必定只是"骑士"、强盗和怪影的历史，他当然只有借助于"不信神"才能摆脱这种历史的幻觉而得救。①这种观点实际上是宗教的观点：它把宗教的人假设为全部历史

---

① 马克思加了边注："**所谓客观的**历史编纂学正是脱离活动来考察历史关系。反动的性质。"

起点的原人,它在自己的想象中用宗教的幻想生产代替生活资料和生活本身的现实生产。整个这样的历史观及其解体和由此产生的怀疑和顾虑,仅仅是德国人**本民族**的事情,而且对德国来说也只有**地域性**的意义。例如,近来不断讨论着如何能够"从神的王国进入人的王国"①这样一个重要问题:似乎这个"神的王国"除了存在于想象之中,还在其他什么地方存在过,而学识渊博的先生们不是一直生活在——他们自己并不知道——他们目前想要找到去路的那个"人的王国"之中,似乎旨在说明这个理论上的空中楼阁的奇妙性的科学娱乐——因为这不过是一种娱乐——恰恰不在于证明这种空中楼阁是从现实的尘世关系中产生的。通常这些德国人总是只关心把既有的一切无意义的论调变为某种别的胡说八道,就是说,他们假定,所有这些无意义的论调都具有某种需要揭示的特殊**意义**,其实全部问题只在于从现存的现实关系出发来说明这些理论词句。如前所说,要真正地、实际地消灭这些词句,从人们意识中消除这些观念,就要靠改变了的环境而不是靠理论上的演绎来实现。对于人民大众即无产阶级来说,这些理论观念并不存在,因而也不用去消灭它们。如果这些群众曾经有过某些理论观念,如宗教,那么现在这些观念也早已被环境消灭了。

---

① 费尔巴哈《因〈唯一者及其所有物〉而论〈基督教的本质〉》。

上述问题及其解决方法所具有的纯粹民族的性质还表现在：这些理论家们郑重其事地认为，像"神人"、"人"等这类幻象，支配着各个历史时代；圣布鲁诺甚至断言：只有"批判和批判者创造了历史"①。而当这些理论家亲自虚构历史时，他们会急匆匆地越过先前的一切，一下子从"蒙古人时代"②转到真正"内容丰富的"历史，即《哈雷年鉴》和《德国年鉴》③的历史，转到黑格尔学派退化为普遍争执不休的历史。所有其他民族和所有现实事件都被遗忘了，世界舞台局限于莱比锡的书市，局限于"批判"、"人"和"唯一者"④的相互争吵。如果这些理论家们一旦着手探讨真正的历史主题，例如18世纪，那么他们也只是提供观念的历史，这种历史是和构成这些观念的基础的事实和实际发展过程脱离的，而他们阐述这种历史的目的也只是把所考察的时代描绘成一个真正历史时代即1840—1844年德国哲学斗争时代的不完善的预备阶段、尚有局限性的前奏时期。他们抱的目的是

---

① 布·鲍威尔《评路德维希·费尔巴哈》一文中的用语。
② 麦·施蒂纳《唯一者及其所有物》一书中的用语。
③ 《哈雷年鉴》和《德国年鉴》是青年黑格尔派的文学哲学杂志的简称，该杂志自1838年1月至1841年6月用小型日报的形式以《德国科学和艺术哈雷年鉴》的名称在莱比锡出版，自1841年7月至1843年1月以《德国科学和艺术年鉴》的名称出版。该杂志在1841年6月以前由阿·卢格和泰·艾希特迈耶尔在普鲁士哈雷负责编辑，从1841年7月起由阿·卢格在德累斯顿负责编辑。1843年1月3日被萨克森政府查禁，并经联邦议会决定在全国查禁。
④ 即布·鲍威尔、路·费尔巴哈和麦·施蒂纳。

为了使某个非历史性人物及其幻想流芳百世而编写前期的历史，与这一目的相适应的是：他们根本不提一切真正历史的事件，甚至不提政治对历史进程的真正历史干预，为此他们的叙述不是以研究而是以虚构和文学闲篇为根据，如像圣布鲁诺在他那本已被人遗忘的十八世纪历史一书①中所做的那样。这些唱高调、爱吹嘘的思想贩子以为他们无限地超越于任何民族偏见之上，其实他们比梦想德国统一的啤酒店庸人带有更多的民族偏见。他们根本不承认其他民族的业绩是历史的；他们生活在德国，依靠德国和为着德国而生活；他们把莱茵河颂歌（注：莱茵河颂歌原来是德国诗人尼·贝克尔的诗《德国的莱茵》。这首诗在1840年写成后被多次谱成歌曲。）变为圣歌并征服阿尔萨斯和洛林，其办法不是剽窃法兰西国家，而是剽窃法兰西哲学，不是把法兰西省份德国化，而是把法兰西思想德国化。费奈迭先生，同打着理论的世界统治这面旗帜而宣布德国的世界统治的圣布鲁诺和圣麦克斯相比较，是一个世界主义者。

从这些分析中还可以看出，费尔巴哈是多么错误，他（《维干德季刊》1845年第2卷②）竟借助于"共同人"这一

---

① 布·鲍威尔《十八世纪政治、文化和启蒙的历史》1843—1845年夏洛滕贝格版第1—2卷。
② 该刊发表了费尔巴哈《因〈唯一者及其所有物〉而论〈基督教的本质〉》一文。

规定宣称自己是共产主义者，把这一规定变成"**一般**"人的谓语，以为这样一来又可以把表达现存世界中特定革命政党的拥护者的"共产主义者"一词变成一个纯范畴。①费尔巴哈关于人与人之间的关系的全部推论无非是要证明：人们是互相需要的，而且**过去一直**是互相需要的。他希望确立对这一事实的理解，也就是说，和其他的理论家一样，只是希望确立对**存在的**事实的正确理解，然而一个真正的共产主义者的任务却在于推翻这种存在的东西。不过，我们完全承认，费尔巴哈在力图理解**这一**事实的时候，达到了理论家一般所能达到的地步，他还是一位理论家和哲学家。然而值得注意的是：圣布鲁诺和圣麦克斯立即用费尔巴哈关于共产主义者的观念来代替真正的共产主义者，这样做的目的多少是为了使他们能够像同"产生于精神的精神"、同哲学范畴、同势均力敌的对手作斗争那样来同共产主义作斗争，而就圣布鲁诺来说，这样做也还是为了实际的利益。我们举出《未来哲学》中的一个地方作为例子说明既承认存在的东西同时又不了解

---

① 指路·费尔巴哈的文章《因〈唯一者及其所有物〉而论〈基督教的本质〉》，载于《维干德季刊》1845年第2卷第193—205页。该文的结尾是这样的："由此可见，既不应当称费尔巴哈为唯物主义者，也不应当称他为唯心主义者，更不应当称他为同一哲学家。那他究竟是什么呢？思想中的他，就是行动中的他，精神中的他，就是肉体中的他，本质中的他，就是感觉中的他；他是人，或者，说得更确切一些，——因为，费尔巴哈把人的本质仅仅设定在共同性之中——他是共同人，是共产主义者。"

存在的东西——这也还是费尔巴哈和我们的对手的共同之点。费尔巴哈在那里阐述道：某物或某人的存在同时也就是某物或某人的本质；一个动物或一个人的一定生存条件、生活方式和活动，就是使这个动物或这个人的"本质"感到满意的东西。①任何例外在这里都被肯定地看作是不幸的偶然事件，是不能改变的反常现象。这样说来，如果千百万无产者根本不满意他们的生活条件，如果他们的"存在"同他们的"本质"完全不符合，那么，根据上述论点，这是不可避免的不幸，应当平心静气地忍受这种不幸。可是，这千百万无产者或共产主义者所想的完全不一样，而且这一点他们将在适当时候，在实践中，即通过革命使自己的"存在"同自己的"本质"协调一致的时候予以证明。因此，在这样的场合费尔巴哈从来不谈人的世界，而是每次都求救于外部自然界，而且是**那个**尚未置于人的统治之下的自然界。但是，每当有了一项新的发明，每当工业前进一步，就有一块新的地盘从这个领域划出去，而能用来说明费尔巴哈这类论点的事例借以产生的基地，也就越来越小了。现在我们只来谈谈一个论点：鱼的"本质"是它的"存在"，即水。河鱼的"本质"是河

---

① 路·费尔巴哈《未来哲学原理》1843年苏黎世–温特图尔版第47页。恩格斯在为写作《德意志意识形态》第1卷第1章而写的札记《费尔巴哈》(见《马克思恩格斯全集》第42卷第360—363页)中，引用和评论了费尔巴哈这本著作中有关的一些话。

水。但是，一旦这条河归工业支配，一旦它被染料和其他废料污染，河里有轮船行驶，一旦河水被引入只要简单地把水排出去就能使鱼失去生存环境的水渠，这条河的水就不再是鱼的"本质"了，对鱼来说它将不再是适合生存的环境了。把所有这类矛盾宣布为不可避免的反常现象，实质上，同圣麦克斯·施蒂纳对不满者的安抚之词没有区别，施蒂纳说，这种矛盾是他们自己的矛盾，这种恶劣环境是他们自己的恶劣环境，而且他们可以或者安于这种环境，或者忍住自己的不满，或者以幻想的方式去反抗这种环境。同样，这同圣布鲁诺的责难也没有区别，布鲁诺说，这些不幸情况的发生是由于那些当事人陷入"实体"这堆粪便之中，他们没有达到"绝对自我意识"，也没有认清这些恶劣关系产生于自己精神的精神。①

[Ⅲ]

统治阶级的思想在每一时代都是占统治地位的思想。这就是说，一个阶级是社会上占统治地位的**物质**力量，同时也是社会上占统治地位的**精神**力量。支配着物质生产资料的阶级，同时也支配着精神生产资料，因此，那些没有精神生产

---

① 布·鲍威尔《评路德维希·费尔巴哈》。

资料的人的思想，一般地是隶属于这个阶级的。占统治地位的思想不过是占统治地位的物质关系在观念上的表现，不过是以思想的形式表现出来的占统治地位的物质关系；因而，这就是那些使某一个阶级成为统治阶级的关系在观念上的表现，因而这也就是这个阶级的统治的思想。此外，构成统治阶级的各个人也都具有意识，因而他们也会思维；既然他们作为一个阶级进行统治，并且决定着某一历史时代的整个面貌，那么不言而喻，他们在这个历史时代的一切领域中也会这样做，就是说，他们还作为思维着的人，作为思想的生产者进行统治，他们调节着自己时代的思想的生产和分配；而这就意味着他们的思想是一个时代的占统治地位的思想。例如，在某一国家的某个时期，王权、贵族和资产阶级为夺取统治而争斗，因而，在那里统治是分享的，那里占统治地位的思想就会是关于分权的学说，于是分权就被宣布为"永恒的规律"。

我们在上面（第 [82—86] 页）已经说明分工是迄今为止历史的主要力量之一，现在，分工也以精神劳动和物质劳动的分工的形式在统治阶级中间表现出来，因此在这个阶级内部，一部分人是作为该阶级的思想家出现的，他们是这一阶级的积极的、有概括能力的玄想家，他们把编造这一阶级关于自身的幻想当作主要的谋生之道，而另一些人对于这些思想和幻想则采取比较消极的态度，并且准备接受这些思想和幻想，因为在实际中他们是这个阶级的积极成员，很少有时间来编造关于自身的幻想和思想。在这一阶级内部，这种分裂甚至可以发展成为这两部分人之间的某种程度的对立和敌视，但是一旦发生任何实际冲突，即当阶级本身受到威胁的时候，当占统治地位的思想好像不是统治阶级的思想而且好像拥有与这一阶级的权力不同的权力这种假象也趋于消失的时候，这种对立和敌视便会自行消失。一定时代的革命思想的存在是以革命阶级的存在为前提的，关于这个革命阶级的前提所必须讲的，在前面（第［84—88，90—91］页）已经讲过了。

然而，在考察历史进程时，如果把统治阶级的思想和统治阶级本身分割开来，使这些思想独立化，如果不顾生产这些思想的条件和它们的生产者而硬说该时代占统治地位的是这些或那些思想，也就是说，如果完全不考虑这些思想的基础——个人和历史环境，那就可以这样说：例如，在贵族统治时期占统治地位的概念是荣誉、忠诚等等，而在资产阶级统治时期占统治地位的概念则是自由、平等等等。总之，统治阶级自己为自己编造出诸如此类的幻想。所有历史编纂学家，主要是18世纪以来的历史编纂学家所共有的这种历史观，必然会碰到这样一种现象：占统治地位的将是越来越抽象的思想，即越来越具有普遍性形式的思想。因为每一个企图取代旧统治阶级的新阶级，为了达到自己的目的不得不把自己的利益说成是社会全体成员的共同利益，就是说，这在观念上的表达就是：赋予自己的思想以普遍性的形式，把它们描绘成唯一合乎理性的、有普遍意义的思想。进行革命的阶级，仅就它对抗另一个**阶级**而言，从一开始就不是作为一个阶级，而是作为全社会的代表出现的；它俨然以社会全体群众的姿态反对唯一的统治阶级①。它之所以能这样做，是因为它的利益在开始时的确同其余一切非统治阶级的共同利益还有更多的联系，在当时存在的那些关系的压力下还不能够发展为特殊阶级的特殊利益。因此，这一阶级的胜利对于其他未能争得统治地位的阶级中的许多个人来说也是有利的，但这只是就这种胜利使这些个人现在有可能升入统治阶级而言。当法国资产阶级推翻了贵族的统治之后，它使许多无产者有可能升到无产阶级之上，但是只有当他们变成资产者的时候才达到这一点。由此可见，每一个新阶级赖以实现自己统治的基础，总比它以前的统治阶级所依赖的基础要宽广一些；可是后来，非统治阶级和正在进行统治的阶级之间的对立也发展得更尖锐和更深刻。这两种情况使得非统治阶级反对新统治阶级的斗争在否定旧社会制度方面，又要比过去一切争得统治的阶级所作的斗争更加坚决、更加彻底。

---

① 马克思加了边注："(普遍性符合于：(1)与等级相对的阶级；(2)竞争、世界交往等等；(3)统治阶级的人数众多；(4)**共同利益**的幻想，起初这种幻想是真实的；(5)玄想家的欺骗和分工)。"

只要阶级的统治完全不再是社会制度的形式，也就是说，只要不再有必要把特殊利益说成是普遍利益，或者把"普遍的东西"说成是占统治地位的东西，那么，一定阶级的统治似乎只是某种思想的统治这整个假象当然就会自行消失。

把占统治地位的思想同进行统治的个人分割开来，主要是同生产方式的一定阶段所产生的各种关系分割开来，并由此作出结论说，历史上始终是思想占统治地位，这样一来，就很容易从这些不同的思想中抽象出**一般思想**、观念等等，并把它们当作历史上占统治地位的东西，从而把所有这些个别的思想和概念说成是历史上发展着的**一般概念**的"自我规定"。在这种情况下，从人的概念、想象中的人、人的本质、**一般人**中能引伸出人们的一切关系，也就很自然了。思辨哲学就是这样做的。黑格尔本人在《历史哲学》的结尾承认，他"所考察的仅仅是**一般概念**的前进运动"，他在历史方面描述了"**真正的神正论**"（第446页）。[①]现在又可以重新回复到"概念"的生产者，回复到理论家、玄想家和哲学家，并作出结论说：哲学家、思维着的人本身自古以来就是在历史上占统治地位的。这个结论，如我们所看到的，早就由黑格尔表述过了。这样，证明精神在历史上的最高统治（施蒂纳的教阶制）的全部戏法，可以归结为以下三个手段：

[①] 黑格尔《历史哲学讲演录》，见《黑格尔全集》1837年柏林版第9卷。

第一，必须把进行统治的个人——而且是由于种种经验的原因、在经验的条件下和作为物质的个人进行统治的个人——的思想同这些进行统治的个人本身分割开来，从而承认思想或幻想在历史上的统治。

第二，必须使这种思想统治具有某种秩序，必须证明，在一个承继着另一个而出现的占统治地位的思想之间存在着某种神秘的联系，而要做到这一点就得把这些思想看作是"概念的自我规定"（所以能这样做，是因为这些思想凭借自己的经验的基础，彼此确实是联系在一起的，还因为它们被**仅仅**当作思想来看待，因而就变成自我差别，变成由思维产生的差别）。

第三，为了消除这种"自我规定着的概念"的神秘外观，便把它变成某种人物——"自我意识"；或者，为了表明自己是真正的唯物主义者，又把它变成在历史上代表着"概念"的许多人物——"思维着的人"、"哲学家"、玄想家，而这些人又被看作是历史的制造者、"监护人会议"、统治者[①]。这样一来，就把一切唯物主义的因素从历史上消除了，就可以任凭自己的思辨之马自由奔驰了。

要说明这种曾经在德国占统治地位的历史方法，以及说明它为什么主要在德国占统治地位的原因，就必须从它与一

[①] 马克思加了边注："一般人：'思维着的人的精神'。"

切玄想家的幻想,例如,与法学家、政治家(包括实际的国务活动家)的幻想的联系出发,必须从这些家伙的独断的玄想和曲解出发。而从他们的实际生活状况、他们的职业和分工出发,是很容易说明这些幻想、玄想和曲解的。

在日常生活中任何一个小店主都能精明地判别某人的假貌和真相,然而我们的历史编纂学却还没有获得这种平凡的认识,不论每一时代关于自己说了些什么和想象了些什么,它都一概相信。

[Ⅳ]

[……]① 从前者产生了发达分工和广泛贸易的前提,从后者产生了地域局限性。在前一种情况下,各个人必须聚集在一起,在后一种情况下,他们本身已作为生产工具而与现有的生产工具并列在一起。因此,这里出现了自然形成的生产工具和由文明创造的生产工具之间的差异。**耕地**(水,等等)可以看作是自然形成的生产工具。在前一种情况下,即在自然形成的生产工具的情况下,各个人受自然界的支配,在后一种情况下,他们受劳动产品的支配。因此在前一种情况下,财产(地产)也表现为直接的、自然形成的统治,而

---

① 这里缺四页手稿。

在后一种情况下，则表现为劳动的统治，特别是积累起来的劳动即资本的统治。前一种情况的前提是，各个人通过某种联系——家庭、部落或者甚至是土地本身等等——结合在一起；后一种情况的前提是，各个人互不依赖，仅仅通过交换集合在一起。在前一种情况下，交换主要是人和自然之间的交换，即以人的劳动换取自然的产品，而在后一种情况下，主要是人与人之间进行的交换。在前一种情况下，只要具备普通常识就够了，体力活动和脑力活动彼此还完全没有分开；而在后一种情况下，脑力劳动和体力劳动之间实际上应该已经实行分工。在前一种情况下，所有者对非所有者的统治可以依靠个人关系，依靠这种或那种形式的共同体［Gemeinwesen］；在后一种情况下，这种统治必须采取物的形式，通过某种第三者，即通过货币。在前一种情况下，存在着小工业，但这种工业决定于自然形成的生产工具的使用，因此这里没有不同的个人之间的分工；在后一种情况下，工业只有在分工的基础上和依靠分工才能存在。

到现在为止我们都是以生产工具为出发点，这里已经表明了在工业发展的一定阶段上必然会产生私有制。在采掘工业［industrie extractive］中私有制和劳动还是完全一致的；在小工业以及到目前为止的整个农业中，所有制是现存生产工具的必然结果；在大工业中，生产工具和私有制之间的矛盾才是大工业的产物，这种矛盾只有在大工业高度发达的情况下才会产生。因此，只有随着大工业的发展才有可能消灭私有制。

———

物质劳动和精神劳动的最大的一次分工，就是城市和乡村的分离。城乡之间的对立是随着野蛮向文明的过渡、部落制度向国家的过渡、地域局限性向民族的过渡而开始的，它贯穿着文明的全部历史直至现在（反谷物法同盟①）。——随着城市的出现，必然要有行政机关、警察、赋税等等，一句话，必然要有公共的政治机构［Gemeindewesen］，从而也就必然要有一般政治。在这里，居民第一次划分为两大阶级，这种划分直接以分工和生产工具为基础。城市已经表明了人口、生产工具、资本、享受和需求的集中这个事实；而在乡村则是完全相反的情况：隔绝和分散。城乡之间的对立只有在私有制的范围内才能存在。城乡之间的对立是个人屈从于分工、屈从于他被迫从事的某种活动的最鲜明的反映，这种

———

① 反谷物法同盟是英国工业资产阶级的组织，由曼彻斯特的工厂主科布顿和布莱特于1838年创立。谷物法是为英国大地主的利益从1815年起实施的旨在限制或禁止从国外输入谷物的法令。同盟要求贸易完全自由，废除谷物法，其目的是为了降低国内谷物价格，从而降低工人工资，削弱土地贵族的经济和政治地位。同盟在反对地主的斗争中曾经企图利用工人群众，宣称工人和工业主的利益是一致的。但是，在这个时候，英国的先进工人展开了独立的、政治性的工人运动（宪章运动）。

1846年谷物法废除以后，反谷物法同盟宣布解散，实际上同盟的一些分支一直存在到1849年。

屈从把一部分人变为受局限的城市动物，把另一部分人变为受局限的乡村动物，并且每天都重新产生二者利益之间的对立。在这里，劳动仍然是最主要的，是**凌驾于**个人之上的力量；只要这种力量还存在，私有制也就必然会存在下去。消灭城乡之间的对立，是共同体的首要条件之一，这个条件又取决于许多物质前提，而且任何人一看就知道，这个条件单靠意志是不能实现的（这些条件还须详加探讨）。城市和乡村的分离还可以看作是资本和地产的分离，看作是资本不依赖于地产而存在和发展的开始，也就是仅仅以劳动和交换为基础的所有制的开始。

在中世纪，有一些城市不是从前期历史中现成地继承下来的，而是由获得自由的农奴重新建立起来的。在这些城市里，每个人的唯一财产，除开他随身带着的几乎全是最必需的手工劳动工具构成的那一点点资本之外，就只有他的特殊的劳动。不断流入城市的逃亡农奴的竞争；乡村反对城市的连绵不断的战争，以及由此产生的组织城市武装力量的必要性；共同占有某种手艺而形成的联系；在手工业者同时又是商人的时期，必须有在公共场所出卖自己的商品以及与此相联的禁止外人进入这些场所的规定；各业手工业间利益的对立；保护辛苦学来的手艺的必要性；全国性的封建组织；——所有这些都是各行各业的手艺人联合为行会的原因。这里我们不打算详细地谈论以后历史发展所引起的行会制度的多种变化。在整个中世纪，农奴不断地逃入城市。这些在乡村遭到自己主人迫害的农奴是只身流入城市的，他们在这里遇见了有组织的团体，对于这种团体他们是没有力量反对的，在它的范围内，他们只好屈从于由他们那些有组织的城市竞争者对他们劳动的需要以及由这些竞争者的利益所决定的处境。这些只身流入城市的劳动者根本不可能成为一种力量，因为，如果他们的劳动带有行会的性质并需要培训，那么行会师傅就会使他们从属于自己，并按照自己的利益来组织他们；或者，如果这种劳动不需要培训，因而不带有行会的性质，而是日工，那么劳动者就根本组织不起来，始终是无组织的平民。城市对日工的需要造成了平民。

这些城市是真正的"联盟"①，这些"联盟"的产生是由于直接的需要，由于对保护财产、增加各成员的生产资料和防卫手段的关心。这些城市的平民是毫无力量的，因为他们都是只身流入城市的彼此素不相识的个人，他们无组织地同有组织、有武装配备并用忌妒的眼光监视着他们的力量相抗衡。每一行业中的帮工和学徒都以最适合于师傅的利益组织起来，他们和师傅之间的宗法关系使师傅具有双重力量：第一，师傅对帮工的全部生活有直接的影响；第二，帮工在同一师傅手下做工，对这些帮工来说这是一根真正的纽带，它

---

① 按照施蒂纳的看法，"联盟"是利己主义者的自愿联合（见《马克思恩格斯全集》第3卷第452—501页）。

使这些帮工联合起来反对其他师傅手下的帮工，并使他们与后者分隔开来；最后，帮工由于关心自己也要成为师傅而与现存制度结合在一起了。因此，平民至少还举行暴动来反对整个城市制度，不过由于他们软弱无力而没有任何结果，而帮工们只在个别行会内搞一些与行会制度本身的存在有关的小冲突。中世纪所有的大规模起义都是从乡村爆发起来的，但是由于农民的分散性以及由此而来的不成熟，这些起义也毫无结果①。

    这些城市中的资本是自然形成的资本；它是由住房、手工劳动工具和自然形成的世代相袭的主顾组成的，并且由于交往不发达和流通不充分而没有实现的可能，只好父传子，子传孙。这种资本和现代资本不同，它不是以货币计算的资本——用货币计算，资本体现为哪一种物品都一样——，而是直接同占有者的特定的劳动联系在一起、同它完全不可分割的资本，因此就这一点来说，它是**等级**资本。

    在城市中各行会之间的分工还是非常少的，而在行会内部，各劳动者之间则根本没有什么分工。每个劳动者都必须熟悉全部工序，凡是用他的工具能够做的一切，他必须都会

---

① 马克思和恩格斯后来研究了农民反抗封建制度的斗争历史，探讨了1848—1849年农民的革命活动，改变了他们对中世纪农民起义的评价。恩格斯在1850年写的《德国农民战争》（见《马克思恩格斯全集》第7卷第383—483页）一书中阐明了农民起义的性质及其在推翻封建制度的基础方面所起的作用。

做；各城市之间的有限交往和少量联系、居民稀少和需求有限，都妨碍了分工的进一步发展，因此，每一个想当师傅的人都必须全盘掌握本行手艺。正因为如此，中世纪的手工业者对于本行专业劳动和熟练技巧还是有兴趣的，这种兴趣可以达到某种有限的艺术感。然而也是由于这个原因，中世纪的每一个手工业者对自己的工作都是兢兢业业，安于奴隶般的关系，因而他们对工作的屈从程度远远超过对本身工作漠不关心的现代工人。

分工的进一步扩大是生产和交往的分离，是商人这一特殊阶级的形成。这种分离在随历史保存下来的城市（其中有住有犹太人的城市）里被继承下来，并很快就在新兴的城市中出现了。这样就产生了同邻近地区以外的地区建立贸易联系的可能性，这种可能性之变为现实，取决于现有的交通工具的情况，取决于政治关系所决定的沿途社会治安状况（大家知道，整个中世纪，商人都是结成武装商队行动的）以及取决于交往所及地区内相应的文化水平所决定的比较粗陋或比较发达的需求。

随着交往集中在一个特殊阶级手里，随着商人所促成的同城市近郊以外地区的通商的扩大，在生产和交往之间也立即发生了相互作用。城市**彼此**建立了联系，新的劳动工具从一个城市运往另一个城市，生产和交往间的分工随即引起了各城市间在生产上的新的分工，不久每一个城市都设立一个占优势的工业部门。最初的地域局限性开始逐渐消失。

　　某一个地域创造出来的生产力,特别是发明,在往后的发展中是否会失传,完全取决于交往扩展的情况。当交往只限于毗邻地区的时候,每一种发明在每一个地域都必须单另进行;一些纯粹偶然的事件,例如蛮族的入侵,甚至是通常的战争,都足以使一个具有发达生产力和有高度需求的国家处于一切都必须从头开始的境地。在历史发展的最初阶段,每天都在重新发明,而且每个地域都是独立进行的。发达的生产力,即使在通商相当广泛的情况下,也难免遭到彻底的毁灭。关于这一点,腓尼基人的例子就可以说明。由于这个民族被排挤于商业之外,由于它被亚历山大征服以及继之而来的衰落,腓尼基人的大部分发明都长期失传了。再如中世纪的玻璃绘画术也有同样的遭遇。只有当交往成为世界交往并且以大工业为基础的时候,只有当一切民族都卷入竞争斗争的时候,保持已创造出来的生产力才有了保障。

　　不同城市之间的分工的直接结果就是工场手工业的产生,即超出行会制度范围的生产部门的产生。工场手工业的初期繁荣——先是在意大利,然后是在佛兰德——的历史前提,是同外国各民族的交往。在其他国家,例如在英国和法国,工场手工业最初只限于国内市场。除上述前提外,工场手工业还以人口特别是乡村人口的不断集中和资本的不断积聚为前提。资本开始积聚到个人手里,一部分违反行会法规积聚到行会中，一部分积聚到商人手里。

那种一开始就以机器，尽管还是以具有最粗陋形式的机器为前提的劳动，很快就显出它是最有发展能力的。过去农民为了得到自己必需的衣着而在乡村中附带从事的织布业，是由于交往的扩大才获得了动力并得到进一步发展的第一种劳动。织布业是最早的工场手工业，而且一直是最主要的工场手工业。随着人口增长而增长的对衣料的需求，由于流通加速而开始的自然形成的资本的积累和运用，以及由此引起的并由于交往逐渐扩大而日益增长的对奢侈品的需求，——所有这一切都推动了织布业在数量上和质量上的发展，使它脱离了旧有的生产形式。除了为自身需要而一直在继续从事纺织的农民外，在城市里产生了一个新的织工阶级，他们所生产的布匹被指定供应整个国内市场，而且大部分还供给国外市场。

织布是一种多半不需要很高技能并很快就分化成无数部门的劳动，由于自己的整个特性，它抵制行会的束缚。因此，织布业多半在没有行会组织的乡村和小市镇上经营，这些地方逐渐变为城市，而且很快就成为每个国家最繁荣的城市。

随着摆脱了行会束缚的工场手工业的出现，所有制关系也立即发生了变化。越过自然形成的等级资本而向前迈出的第一步，是受商人的出现所制约的，商人的资本一开始就是活动的，如果针对当时的情况来讲，可以说是现代意义上的资本。第二步是随着工场手工业的出现而迈出的，工场手工业又运用了大量自然形成的资本，并且同自然形成的资本的数量比较起来，一般是增加了活动资本的数量。

同时，工场手工业还成了农民摆脱那些不雇用他们或付给他们极低报酬的行会的避难所，就像在过去行会城市是农民摆脱土地占有者的避难所一样。

随着工场手工业的产生，同时也就开始了一个流浪时期，这个时期的形成是由于：取消了封建侍从，解散了拼凑起来并效忠帝王、镇压其诸侯的军队，改进了农业以及把大量耕地变为牧场。从这里已经可以清楚地看出，这种流浪现象是和封建制度的瓦解密切联系着的。早在13世纪就曾出现过的个别类似的流浪时期，只是在15世纪末和16世纪初才成为普遍而持久的现象。这些流浪者人数非常多，其中单单由英王亨利八世下令绞死的就有72 000人，只有付出最大的力量，只有在他们穷得走投无路而且经过长期反抗之后，才能迫使他们去工作。迅速繁荣起来的工场手工业，特别是在英国，渐渐地吸收了他们。

随着工场手工业的出现，各国进入竞争的关系，展开了商业斗争，这种斗争是通过战争、保护关税和各种禁令来进行的，而在过去，各国只要彼此有了联系，就互相进行和平的交易。从此以后商业便具有了政治意义。

随着工场手工业的出现，工人和雇主的关系也发生了变化。在行会中，帮工和师傅之间的宗法关系继续存在，而在工场手工业中，这种关系由工人和资本家之间的金钱关系代替了；在乡村和小城市中，这种关系仍然带有宗法色彩，而在比较大的、真正的工场手工业城市里，则早就失去了几乎全部宗法色彩。

随着美洲和通往东印度的航线的发现，交往扩大了，工场手工业和整个生产运动有了巨大的发展。从那里输入的新产品，特别是进入流通的大量金银完全改变了阶级之间的相互关系，并且沉重地打击了封建土地所有制和劳动者；冒险的远征，殖民地的开拓，首先是当时市场已经可能扩大为而且日益扩大为世界市场，——所有这一切产生了历史发展的一个新阶段，关于这个阶段的一般情况我们不准备在这里多谈。新发现的土地的殖民地化，又助长了各国之间的商业斗争，因而使这种斗争变得更加广泛和更加残酷了。

商业和工场手工业的扩大，加速了活动资本的积累，而在那些没有受到刺激去扩大生产的行会里，自然形成的资本却始终没有改变，甚至还减少了。商业和工场手工业产生了大资产阶级，而集中在行会里的是小资产阶级，现在它已经不再像过去那样在城市里占统治地位了，而是必须屈从于大商人和手工工场主的统治[①]。由此可见，行会一跟工场手工业

[①] 马克思加了边注："小资产者,中间等级,大资产阶级。"

接触，就衰落下去了。

在我们所谈到的这个时代里，各国在彼此交往中建立起来的关系具有两种不同的形式。起初，由于流通的金银数量很少，这些金属是出口的；另一方面，工业，即由于必须给不断增长的城市人口提供就业机会而不可或缺的、大部分是从国外引进的工业，没有特权不行，当然，这种特权不仅可以用来对付国内的竞争，而且主要是用来对付国外的竞争。通过这些最初的禁令，地方的行会特权便扩展到全国。关税产生于封建主对其领地上的过往客商所征收的捐税，即客商交的免遭抢劫的买路钱。后来各城市也征收这种捐税，在现代国家出现之后，这种捐税便是国库进款的最方便的手段。

美洲的金银在欧洲市场上的出现，工业的逐步发展，贸易的迅速高涨以及由此引起的不受行会束缚的资产阶级的兴旺发达和货币的活跃流通，——所有这一切都使上述各种措施具有另外的意义。国家日益不可缺少货币，为充实国库起见，它现在仍然禁止输出金银；资产者对此完全满意，因为这些刚刚投入市场的大量货币，成了他们进行投机买卖的主要对象；过去的特权成了政府收入的来源，并且可以用来卖钱；在关税法中有了出口税，这种税只是阻碍了工业的发展，纯粹是以充实国库为目的。

第二个时期开始于17世纪中叶，它几乎一直延续到18世纪末。商业和航运比那种起次要作用的工场手工业发展得更快；各殖民地开始成为巨大的消费者；各国经过长期的斗争，彼此瓜分了已开辟出来的世界市场。这一时期是从航海条例①和殖民地垄断开始的。各国间的竞争尽可能通过关税率、禁令和各种条约来消除，但是归根结底，竞争的斗争还是通过战争（特别是海战）来进行和解决的。最强大的海上强国英国在商业和工场手工业方面都占据优势。这里已经出现商业和工场手工业集中于一个国家的现象。

对工场手工业一直是采用保护的办法：在国内市场上实行保护关税，在殖民地市场上实行垄断，而在国外市场上则尽量实行差别关税。本国生产的原料（英国的羊毛和亚麻，法国的丝）的加工受到鼓励，国内出产的原料（英国的羊毛）禁止输出，进口原料的［加工］仍受到歧视或压制（如棉花在英国）。在海上贸易和殖民实力方面占据优势的国家，自然能保证自己的工场手工业在数量和质量上得到最广泛的发展。工场手工业一般离开保护是不行的，因为只要其他国家发生任何最微小的变动都足以使它失去市场而遭到破产。只要在稍微有利的条件下，工场手工业就可以很容易地在某个国家

---

① 航海条例是为了保护英国海运，对付外国竞争而制定的一系列法令。条例规定，进口货物只能用英国船只或货物出产国的船只；英国沿海的航行以及与殖民地的贸易只限于英国船只。第一个，也是最著名的航海条例，是1651年克伦威尔为对付荷兰的转口贸易和巩固英国的殖民统治而颁布的。航海条例在19世纪20年代已受到很大限制，1849年只保留了有关沿海贸易部分，1854年被全部废除。

建立起来，正因为这样，它也很容易被破坏。同时，它的经营方式，特别是18世纪在乡村里的经营方式，使它和广大的个人的生活条件结合在一起，以致没有一个国家敢于不顾工场手工业的生存而允许自由竞争。因此，工场手工业就它能够输出自己的产品来说，完全依赖于商业的扩大或收缩，而它对商业的反作用，相对来说是很微小的。这就决定了工场手工业的次要作用和18世纪商人的影响。正是这些商人，特别是船主最迫切地要求国家保护和垄断；诚然，手工工场主也要求保护并且得到了保护，但是从政治意义上来说，他们始终不如商人。商业城市，特别是沿海城市已达到了一定的文明程度，并带有大资产阶级性质，而在工厂城市里仍然是小资产阶级势力占统治。参看艾金①等。18世纪是商业的世纪。平托关于这一点说得很明确："贸易是本世纪的嗜好。"他还说："从某个时期开始，人们就只谈论经商、航海和船队了。"②

虽然资本的运动已大大加速了，但相对来说总还是缓慢的。世界市场分割成各个部分，其中每一部分都由单独一个国家来经营；各国之间的竞争的消除；生产本身的不灵活以

---

① 约·艾金《曼彻斯特市外三十至四十英里范围内的郊区记述》1795年伦敦版。
② 引自《关于商业竞争的通讯》，见伊·平托《关于流通和信用的论文》1771年阿姆斯特丹版第234、283页。

及刚从最初阶段发展起来的货币制度——所有这一切都严重地妨碍了流通。这一切造成的结果就是当时一切商人和一切经商方式都具有斤斤计较的卑鄙的小商人习气。当时的商人同手工工场主，特别是同手工业者比较起来当然是大市民——资产者，但是如果同后一时期的商人和工业家比较起来，他们仍旧是小市民。见亚·斯密①。

这一时期还有这样一些特征：禁止金银外运法令的废除，货币经营业、银行、国债和纸币的产生，股票投机和有价证券投机，各种物品的投机倒把等现象的出现以及整个货币制度的发展。资本又有很大一部分丧失了它原来还带有的那种自然性质。

在17世纪，商业和工场手工业不可阻挡地集中于一个国家——英国。这种集中逐渐地给这个国家创造了相对的世界市场，因而也造成了对这个国家的工场手工业产品的需求，这种需求是旧的工业生产力所不能满足的。这种超过了生产力的需求正是引起中世纪以来私有制发展的第三个时期的动力，它产生了大工业——把自然力用于工业目的，采用机器生产以及实行最广泛的分工。这一新阶段的其他条件——国内的自由竞争，理论力学的发展（牛顿所完成的力学在18世纪的法国和英国都是最普及的科学）等等——在英国都已具

---

① 亚·斯密《国民财富的性质和原因的研究》1776年伦敦版。

备了。(国内的自由竞争到处都必须通过革命的手段争得——英国1640年和1688年的革命,法国1789年的革命。)竞争很快就迫使每一个不愿丧失自己的历史作用的国家为保护自己的工场手工业而采取新的关税措施(旧的关税已无力抵制大工业了),并随即在保护关税之下兴办大工业。尽管有这些保护措施,大工业仍使竞争普遍化了(竞争是实际的贸易自由;保护关税在竞争中只是治标的办法,是贸易自由**范围内**的防卫手段),大工业创造了交通工具和现代的世界市场,控制了商业,把所有的资本都变为工业资本,从而使流通加速(货币制度得到发展)、资本集中。大工业通过普遍的竞争迫使所有个人的全部精力处于高度紧张状态。它尽可能地消灭意识形态、宗教、道德等等,而在它无法做到这一点的地方,它就把它们变成赤裸裸的谎言。它首次开创了世界历史,因为它使每个文明国家以及这些国家中的每一个人的需要的满足都依赖于整个世界,因为它消灭了各国以往自然形成的闭关自守的状态。它使自然科学从属于资本,并使分工丧失了自己自然形成的性质的最后一点假象。它把自然形成的性质一概消灭掉,只要在劳动的范围内有可能做到这一点,它还把所有自然形成的关系变成货币的关系。它建立了现代的大工业城市——它们的出现如雨后春笋——来代替自然形成的城市。凡是它渗入的地方,它就破坏手工业和工业的一切旧阶段。它使城市最终战胜了乡村。它的［……］①是自动化体系。［它造］②成了大量的生产力，对于这些生产力来说，私有制成了它们发展的桎梏，正如行会成为工场手工业的桎梏和小规模的乡村生产成为日益发展的手工业的桎梏一样。在私有制的统治下，这些生产力只获得了片面的发展，对大多数人来说成了破坏的力量，而许多这样的生产力在私有制下根本得不到利用。一般说来，大工业到处造成了社会各阶级间相同的关系，从而消灭了各民族的特殊性。最后，当每一民族的资产阶级还保持着它的特殊的民族利益的时候，大工业却创造了这样一个阶级，这个阶级在所有的民族中都具有同样的利益，在它那里民族独特性已经消灭，这是一个真正同整个旧世界脱离而同时又与之对立的阶级。大工业不仅使工人对资本家的关系，而且使劳动本身都成为工人不堪忍受的东西。

当然，在一个国家里，大工业不是在一切地域都达到了同样的发展水平。但这并不能阻碍无产阶级的阶级运动，因为大工业产生的无产者领导着这个运动并且引导着所有的群众，还因为没有卷入大工业的工人，被大工业置于比在大工业中做工的工人更糟的生活境遇。同样，大工业发达的国家也影响着或多或少非工业的国家，因为非工业国家由于世界

---

① 手稿破损。
② 手稿破损。

交往而被卷入普遍竞争的斗争中。

这些不同的形式同时也是劳动组织的形式，从而也是所有制的形式。在每一个时期都发生现存的生产力相结合的现象，因为需求使这种结合成为必要的。

——

生产力和交往形式之间的这种矛盾——正如我们所见到的，它在迄今为止的历史中曾多次发生过，然而并没有威胁交往形式的基础，——每一次都不免要爆发为革命，同时也采取各种附带形式，如冲突的总和，不同阶级之间的冲突，意识的矛盾，思想斗争，政治斗争，等等。从狭隘的观点出发，可以从其中抽出一种附带形式，把它看作是这些革命的基础，而且因为革命所由出发的各个人都根据他们的文化水平和历史发展的阶段对他们自己的活动本身产生了种种幻想，这样做就更容易了。

因此，按照我们的观点，一切历史冲突都根源于生产力和交往形式之间的矛盾。此外，不一定非要等到这种矛盾在某一国家发展到极端尖锐的地步，才导致这个国家内发生冲突。由广泛的国际交往所引起的同工业比较发达的国家的竞争，就足以使工业比较不发达的国家内产生类似的矛盾（例如，英国工业的竞争使德国潜在的无产阶级显露出来了）。

——

尽管竞争把各个人汇集在一起，它却使各个人，不仅使资产者，而且更使无产者彼此孤立起来。因此这会持续很长时间，直到这些个人能够联合起来，更不用说，为了这种联合——如果它不仅仅是地域性的联合，——大工业应当首先创造出必要的手段，即大工业城市和廉价而便利的交通。因此只有经过长期的斗争才能战胜同这些孤立的、生活在每天都重复产生着孤立状态的条件下的个人相对立的一切有组织的势力。要求相反的东西，就等于要求在这个特定的历史时代不要有竞争，或者说，就等于要求各个人从头脑中抛掉他们作为被孤立的人所无法控制的那些关系。

———

住宅建筑。不言而喻，野蛮人的每一个家庭都有自己的洞穴和茅舍，正如游牧人的每一个家庭都有独自的帐篷一样。这种单个分开的家庭经济由于私有制的进一步发展而成为更加必需的了。在农业民族那里，共同的家庭经济也和共同的耕作一样是不可能的。城市的建造是一大进步。但是，在过去任何时代，消灭单个分开的经济——这是与消灭私有制分不开的——是不可能的，因为还没有具备这样做的物质条件。组织共同的家庭经济的前提是发展机器，利用自然力和许多其他的生产力，例如自来水、煤气照明、蒸汽采暖等，以及消灭城乡之间的［对立］。没有这些条件，共同的经济本身将不会再成为新生产力，将没有任何物质基础，将建立在纯粹的理论基础上，就是说，将是一种纯粹的怪想，只能导致寺院经济。——还可能有什么呢？——这就是城市里的集中和为了各个特定目的而进行的公共房舍（监狱、兵营等）的兴建。不言而喻，消灭单个分开的经济是和消灭［Aufhebung］家庭分不开的。

（在圣桑乔那里常见的一个说法是：每个人通过国家才完全成其为人①，这实质上等于说，资产者只是资产者这个类的一个标本；这种说法的前提是：资产者这个**阶级**在构成该阶级的个人尚未存在之前就已经存在了。②）

在中世纪，每一城市中的市民为了自卫都不得不联合起来反对农村贵族；商业的扩大和交通道路的开辟，使一些城市了解到有另一些捍卫同样利益、反对同样敌人的城市。从各个城市的许多地域性市民团体中，只是非常缓慢地产生出市民**阶级**。各个市民的生活条件，由于同现存关系相对立并由于这些关系所决定的劳动方式，便成了对他们来说全都是共同的和不以每一个人为转移的条件。市民创造了这些条件，因为他们挣脱了封建的联系；同时他们又是由这些条件所创造的，因为他们是由自己同既存封建制度的对立所决定的。随着各城市间的联系的产生，这些共同的条件发展为阶级条件。同样的条件、同样的对立、同样的利益，一般说来，也应当在一切地方产生同样的风俗习惯。资产阶级本身只是逐

---

① 麦·施蒂纳《唯一者及其所有物》。
② 马克思加了边注："在哲学家们看来，阶级是**预先存在**的。"

渐地随同自己的生存条件一起发展起来,由于分工,它又重新分裂为各种不同的集团,最后,随着一切现有财产被变为工业资本或商业资本,它吞并了在它以前存在过的一切有财产的阶级①(同时资产阶级把以前存在过的没有财产的阶级的大部分和原先有财产的阶级的一部分变为新的阶级——无产阶级)。单个人所以组成阶级只是因为他们必须为反对另一个阶级进行共同的斗争;此外,他们在竞争中又是相互敌对的。另一方面,阶级对各个人来说又是独立的,因此,这些人可以发现自己的生活条件是预先确定的:各个人的社会地位,从而他们个人的发展是由阶级决定的,他们隶属于阶级。这同单个人隶属于分工是同类的现象,这种现象只有通过消灭私有制和消灭劳动本身②才能消除。至于个人隶属于阶级怎样同时发展为隶属于各种各样的观念等等,我们已经不只一次地指出过了。

个人的这种发展是在历史地前后相继的等级和阶级的共同生存条件下产生的,也是在由此而强加于他们的普遍观念中产生的,如果用**哲学的观点**来考察这种发展,当然就很容易设想,在这些个人中,**类**或**人**得到了发展,或者这些个人

---

① 马克思加了边注:"它首先吞并直接隶属于国家的那些劳动部门,接着又吞并了一切[或多或少的]思想等级。"
② "消灭劳动"(Aufhebung der Arbeit)这种说法的含义,见本卷第90—91、120—121、127—131页。

发展了**人**；这样设想，是对历史的莫大侮辱。这样一来，就可以把各种等级和阶级看作是普遍表达方式的一些类别，看作是**类**的一些亚种，看作是人的一些发展阶段。

个人隶属于一定阶级这一现象，在那个除了反对统治阶级以外不需要维护任何特殊的阶级利益的阶级形成之前，是不可能消灭的。

――

个人力量（关系）由于分工而转化为物的力量这一现象，不能靠人们从头脑里抛开关于这一现象的一般观念的办法来消灭，而是只能靠个人重新驾驭这些物的力量，靠消灭分工的办法来消灭①。没有共同体，这是不可能实现的。只有在共同体中，个人才能获得全面发展其才能的手段，也就是说，只有在共同体中才可能有个人自由。在过去的种种冒充的共同体中，如在国家等等中，个人自由只是对那些在统治阶级范围内发展的个人来说是存在的，他们之所以有个人自由，只是因为他们是这一阶级的个人。从前各个人联合而成的虚假的共同体，总是相对于各个人而独立的；由于这种共同体是一个阶级反对另一个阶级的联合，因此对于被统治的阶级来说，它不仅是完全虚幻的共同体，而且是新的桎梏。在真

---

① 恩格斯加了边注："（费尔巴哈：存在和本质）。"
  费尔巴哈关于存在和本质的论点，参看《马克思恩格斯选集》第1卷第97—98页。

正的共同体的条件下,各个人在自己的联合中并通过这种联合获得自己的自由。

　　各个人的出发点总是他们自己,不过当然是处于既有的历史条件和关系范围之内的自己,而不是玄想家们所理解的"纯粹的"个人。然而在历史发展的进程中,而且正是由于在分工范围内社会关系的必然独立化,在每一个人的个人生活同他的屈从于某一劳动部门以及与之相关的各种条件的生活之间出现了差别。这不应当理解为,似乎像食利者和资本家等等已不再是有个性的个人了,而应当理解为,他们的个性是由非常明确的阶级关系决定和规定的,上述差别只是在他们与另一阶级的对立中才出现,而对他们本身来说,上述差别只是在他们破产之后才产生。在等级中(尤其是在部落中)这种现象还是隐蔽的:例如,贵族总是贵族,平民总是平民,不管他的其他关系如何;这是一种与他的个性不可分割的品质。有个性的个人与阶级的个人的差别,个人生活条件的偶然性,只是随着那本身是资产阶级产物的阶级的出现才出现。只有个人相互之间的竞争和斗争才产生和发展了这种偶然性本身。因此,各个人在资产阶级的统治下被设想得要比先前更自由些,因为他们的生活条件对他们来说是偶然的;事实上,他们当然更不自由,因为他们更加屈从于物的力量。等级的差别特别显著地表现在资产阶级与无产阶级的对立中。当市民等级、同业公会等等起来反对农村贵族的时候,它们的生存条件,即在它们割断了封建的联系以前就潜在地存在着的动产和手艺,表现为一种与封建土地所有制相对立的积极的东西,因此起先也具有一种特殊的封建形式。当然,逃亡农奴认为他们先前的农奴地位对他们的个性来说是某种偶然的东西。但是,在这方面,他们只是做了像每一个挣脱了枷锁的阶级所做的事,此外,他们不是作为一个阶级解放出来的,而是零零散散地解放出来的。其次,他们并没有越出等级制度的范围,而只是形成了一个新的等级,在新的处境中也还保存了他们过去的劳动方式,并且使它摆脱已经和他们所达到的发展阶段不相适应的桎梏,从而使它得到进一步的发展。

相反地,对于无产者来说,他们自身的生活条件、劳动,以及当代社会的全部生存条件都已变成一种偶然的东西,单个无产者是无法加以控制的,而且也没有任何**社会**组织能够使他们加以控制。单个无产者的个性和强加于他的生活条件即劳动之间的矛盾,对无产者本身是显而易见的,特别是因为他从早年起就成了牺牲品,因为他在本阶级的范围内没有机会获得使他转为另一个阶级的各种条件。

注意。不要忘记,单是维持农奴生存的必要性和大经济的不可能性(包括把小块土地分给农奴),很快就使农奴对封建主的赋役降低到中等水平的代役租和徭役地租,这样就使农奴有可能积累一些动产,便于逃出自己领主的领地,并使他有希望上升为市民，同时还引起了农奴的分化。可见逃亡农奴已经是半资产者了。由此也可以清楚地看到，掌握了某种手艺的农奴获得动产的可能性最大。

由此可见，逃亡农奴只是想自由地发展他们已有的生存条件并让它们发挥作用，因而归根结底只达到了自由劳动；而无产者，为了实现自己的个性，就应当消灭他们迄今面临的生存条件，消灭这个同时也是整个迄今为止的社会的生存条件，即消灭劳动。因此，他们也就同社会的各个人迄今借以表现为一个整体的那种形式即同国家处于直接的对立中，他们应当推翻国家，使自己的个性得以实现。

———

从上述一切可以看出①，某一阶级的各个人所结成的、受他们的与另一阶级相对立的那种共同利益所制约的共同关系，总是这样一种共同体，这些个人只是作为普通的个人隶属于这种共同体，只是由于他们还处在本阶级的生存条件下才隶属于这种共同体；他们不是作为个人而是作为阶级的成员处于这种共同关系中的。而在控制了自己的生存条件和社会全体成员的生存条件的革命无产者的共同体中，情况就完全不同了。在这个共同体中各个人都是作为个人参加的。它是各个人的这样一种联合（自然是以当时发达的生产力为前提

———
① 手稿中删去以下这句话："在每一个历史时代获得解放的个人只是进一步发展自己已有的、对他们来说是既有的生存条件。"

的），这种联合把个人的自由发展和运动的条件置于他们的控制之下。而这些条件从前是受偶然性支配的，并且是作为某种独立的东西同单个人对立的。这正是由于他们作为个人是分散的，是由于分工使他们有了一种必然的联合，而这种联合又因为他们的分散而成了一种对他们来说是异己的联系。过去的联合决不像《社会契约》①中所描绘的那样是任意的，而只是关于这样一些条件的必然的联合（参阅例如北美合众国和南美诸共和国的形成），在这些条件下，各个人有可能利用偶然性。这种在一定条件下不受阻碍地利用偶然性的权利，迄今一直称为个人自由。——这些生存条件当然只是现存的生产力和交往形式。

———

共产主义和所有过去的运动不同的地方在于：它推翻一切旧的生产关系和交往关系的基础，并且第一次自觉地把一切自发形成的前提看作是前人的创造，消除这些前提的自发性，使它们受联合起来的个人的支配。因此，建立共产主义实质上具有经济的性质，这就是为这种联合创造各种物质条件，把现存的条件变成联合的条件。共产主义所造成的存在状况，正是这样一种现实基础，它使一切不依赖于个人而存在的状况不可能发生，因为这种存在状况只不过是各个人之

---

① 让·雅·卢梭《社会契约论，或政治权利的原则》1762年阿姆斯特丹版。

间迄今为止的交往的产物。这样,共产主义者实际上把迄今为止的生产和交往所产生的条件看作无机的条件。然而他们并不以为过去世世代代的意向和使命就是给他们提供资料,也不认为这些条件对于创造它们的个人来说是无机的。有个性的个人与偶然的个人之间的差别,不是概念上的差别,而是历史事实。在不同的时期,这种差别具有不同的含义,例如,等级在18世纪对于个人来说就是某种偶然的东西,家庭或多或少地也是如此。这种差别不是我们为每个时代划定的,而是每个时代本身在它所发现的各种不同的现成因素之间划定的,而且不是根据概念而是在物质生活冲突的影响下划定的。一切对于后来时代来说是偶然的东西,对于先前时代来说则相反,亦即在先前时代所传下来的各种因素中的偶然的东西,是与生产力发展的一定水平相适应的交往形式。生产力与交往形式的关系就是交往形式与个人的行动或活动的关系。(这种活动的基本形式当然是物质活动,一切其他的活动,如精神活动、政治活动、宗教活动等取决于它。当然,物质生活的这样或那样的形式,每次都取决于已经发达的需求,而这些需求的产生,也像它们的满足一样,本身是一个历史过程,这种历史过程在羊或狗那里是没有的(这是施蒂纳顽固地提出来反对人的主要论据[①]),尽管羊或狗的目前形

[①] 麦·施蒂纳《施蒂纳的评论者》一文中的议论;并见麦·施蒂纳《唯一者及其所有物》1845年莱比锡版第443页。

象无疑是历史过程的产物——诚然，不以它们的意愿为转移。) 个人相互交往的条件，在上述这种矛盾产生以前，是与他们的个性相适合的条件，对于他们来说不是什么外部的东西；它们是这样一些条件，在这些条件下，生存于一定关系中的一定的个人独力生产自己的物质生活以及与这种物质生活有关的东西，因而这些条件是个人的自主活动的条件，并且是由这种自主活动产生出来的[①]。这样，在矛盾产生以前，人们进行生产的一定条件是同他们的现实的局限状态，同他们的片面存在相适应的，这种存在的片面性只是在矛盾产生时才表现出来，因而只是对于后代才存在。这时人们才觉得这些条件是偶然的桎梏，并且把这种视上述条件为桎梏的意识也强加给先前的时代。

这些不同的条件，起初是自主活动的条件，后来却变成了它的桎梏，它们在整个历史发展过程中构成一个有联系的交往形式的序列，交往形式的联系就在于：已成为桎梏的旧交往形式被适应于比较发达的生产力，因而也适应于进步的个人自主活动方式的新交往形式所代替；新的交往形式又会成为桎梏，然后又为别的交往形式所代替。由于这些条件在历史发展的每一阶段都是与同一时期的生产力的发展相适应的，所以它们的历史同时也是发展着的、由每一个新的一代

---

① 马克思加了边注："交往形式本身的生产。"

承受下来的生产力的历史，从而也是个人本身力量发展的历史。

由于这种发展是自发地进行的，就是说它不服从自由联合起来的个人的共同计划，所以它是以各个不同的地域、部落、民族和劳动部门等等为出发点的，其中的每一个起初都与别的不发生联系而独立地发展，后来才逐渐与它们发生联系。其次，这种发展非常缓慢；各种不同的阶段和利益从来没有被完全克服，而只是屈从于获得胜利的利益，并在许多世纪中和后者一起延续下去。由此可见，甚至在一个民族内，各个人，即使撇开他们的财产关系不谈，都有各种完全不同的发展；较早时期的利益，在它固有的交往形式已经为属于较晚时期的利益的交往形式排挤之后，仍然在长时间内拥有一种相对于个人而独立的虚假共同体（国家、法）的传统权力，一种归根结底只有通过革命才能被打倒的权力。由此也就说明：为什么在某些可以进行更一般的概括的问题上，意识有时似乎可以超过同时代的经验关系，以致人们在以后某个时代的斗争中可以依靠先前时代理论家的威望。

相反地，有些国家，例如北美的发展是在已经发达的历史时代起步的，在那里这种发展异常迅速。在这些国家中，除了移居到那里去的个人而外没有任何其他的自发形成的前提，而这些个人之所以移居那里，是因为他们的需要与老的国家的交往形式不相适应。可见，这些国家在开始发展的时候就拥有老的国家的最进步的个人,因而也就拥有与这些个人相适应的、在老的国家里还没有能够实行的最发达的交往形式。这符合于一切殖民地的情况,只要它们不仅仅是一些军用场所或交易场所。迦太基、希腊的殖民地以及11世纪和12世纪的冰岛可以作为例子。类似的关系在征服的情况下也可以看到,如果在另一块土地上发展起来的交往形式被现成地搬到被征服国家的话。这种交往形式在自己的祖国还受到以前时代遗留下来的利益和关系的牵累,而它在这些地方就能够而且应当充分地和不受阻碍地确立起来,尽管这是为了保证征服者有持久的政权(英格兰和那不勒斯在被诺曼人征服①之后,获得了最完善的封建组织形式)。

———

征服这一事实看起来好像是同整个这种历史观矛盾的。到目前为止,暴力、战争、掠夺、抢劫等等被看作是历史的动力。这里我们只能谈谈主要之点,因此,我们举一个最显著的例子:古老文明被蛮族破坏,以及与此相联系重新开始形成一种新的社会结构(罗马和蛮人,封建制度和高卢人,东罗马帝国和土耳其人)。对进行征服的蛮族来说,正如以上

———

① 英格兰于1066年被诺曼底公爵征服者威廉征服。
西西里王国是在1130年宣告成立的,它包括西西里和以那不勒斯为中心的南意大利。西西里王国的建国方针是由诺曼征服者的首领罗伯特·基斯卡德于11世纪下半叶制定的。

所指出的,战争本身还是一种通常的交往形式;在传统的、对该民族来说唯一可能的粗陋生产方式下,人口的增长越来越需要新的生产资料,因而这种交往形式越来越被加紧利用。相反地,在意大利,由于地产日益集中(这不仅是由购买和负债引起的,而且还是由继承引起的,当时一些古老的氏族由于生活放荡和很少结婚而逐渐灭亡,他们的财产转入少数人手里),由于耕地变为牧场(这不仅是由通常的、至今仍然起作用的经济原因引起的,而且也是由掠夺来的和进贡的谷物的输入以及由此造成的意大利谷物没有买主的现象引起的),自由民几乎完全消失了,就是奴隶也在不断地死亡,而不得不经常代之以新的奴隶。奴隶制仍然是整个生产的基础。介于自由民与奴隶之间的平民,始终不过是流氓无产阶级。总之,罗马始终只不过是一个城市,它与各行省之间的联系几乎仅仅是政治上的联系,因而这种联系自然也就可能为政治事件所破坏。

――――

再没有比认为迄今历史上的一切似乎都可以归结于**占领**这一观念更普通的了。蛮人**占领**了罗马帝国,这种占领的事实通常被用来说明从古代世界向封建制度的过渡。但是在蛮人的占领下,一切都取决于被占领国家此时是否已经像现代国家那样发展了工业生产力,或者它的生产力主要是否只是以它的联合和共同体〔Gemeinwesen〕为基础。其次,占领是受占领的对象所制约的。如果占领者不依从被占领国家的生产条件和交往条件，就完全无法占领银行家的体现于证券中的财产。对于每个现代工业国家的全部工业资本来说，情况也是这样。最后，无论在什么地方，占领都是很快就会结束的，已经不再有东西可供占领时，必须开始进行生产。从这种很快出现的生产的必要性中可以作出如下结论：定居下来的征服者所采纳的共同体［Gemeinwesen］形式，应当适应于他们面临的生产力发展水平，如果起初情况不是这样，那么共同体形式就应当按照生产力来改变。这也就说明了民族大迁移后的时期到处可见的一件事实，即奴隶成了主人，征服者很快就接受了被征服民族的语言、教育和风俗。

封建制度决不是现成地从德国搬去的。它起源于征服者在进行征服时军队的战时组织，而且这种组织只是在征服之后，由于在被征服国家内遇到的生产力的影响才发展为真正的封建制度的。这种形式到底在多大程度上受生产力的制约，这从企图仿效古罗马来建立其他形式的失败尝试（查理大帝等等）中已经得到证明。

待续。——

——

在大工业和竞争中，各个人的一切生存条件、一切制约性、一切片面性都融合为两种最简单的形式——私有制和劳动。货币使任何交往形式和交往本身成为对个人来说是偶然的东西。因此，货币就是产生下述现象的根源：迄今为止的一切交往都只是在一定条件下个人的交往，而不是作为个人的个人的交往。这些条件可以归结为两点：积累起来的劳动，或者说私有制，以及现实的劳动。如果二者缺一，交往就会停止。现代的经济学家如西斯蒙第、舍尔比利埃①等人自己就把个人的联合同资本的联合对立起来。但是，另一方面，个人本身完全屈从于分工，因此他们完全被置于相互依赖的关系之中。私有制，就它在劳动的范围内同劳动相对立来说，是从积累的必然性中发展起来的。起初它大部分仍旧保存着共同体〔Geimenwesen〕的形式，但是在以后的发展中越来越接近私有制的现代形式。分工从最初起就包含着劳动**条件**——劳动工具和材料——的分配，也包含着积累起来的资本在各个所有者之间的劈分，从而也包含着资本和劳动之间的分裂以及所有制本身的各种不同的形式。分工越发达，积累越增加，这种分裂也就发展得越尖锐。劳动本身只能在这种分裂的前提下存在。

———

（各个民族——德国人和美国人——的个人能力，已经通过种族杂交而产生的能力，——因此德国人是白痴式的；在法、英等国是异族人移居于已经发达的土地上，在美国是异

---

① 安·埃·舍尔比利埃《富或贫》1840年巴黎——日内瓦版。

族人移居于一块全新的土地上,而在德国,土著居民安居不动。)

因此,这里显露出两个事实。第一,生产力表现为一种完全不依赖于各个人并与他们分离的东西,表现为与各个人同时存在的特殊世界,其原因是,各个人——他们的力量就是生产力——是分散的和彼此对立的,而另一方面,这些力量只有在这些个人的交往和相互联系中才是真正的力量。①因此,一方面是生产力的总和,生产力好像具有一种物的形式,并且对个人本身来说它们已经不再是个人的力量,而是私有制的力量,因此,生产力只有在个人是私有者的情况下才是个人的力量。在以前任何一个时期,生产力都没有采取过这种对于作为个人的个人的交往完全无关的形式,因为他们的交往本身还是受限制的。另一方面是同这些生产力相对立的大多数个人,这些生产力是和他们分离的,因此这些个人丧失了一切现实的生活内容,成了抽象的个人,然而正因为这样,他们才有可能作为个人彼此发生联系。

他们同生产力并同他们自身的存在还保持着的唯一联系,即劳动,在他们那里已经失去了任何自主活动的假象,而且只能用摧残生命的方式来维持他们的生命。而在以前各个时

---

① 恩格斯加了边注:"西斯蒙第。"

期，自主活动和物质生活的生产是分开的，这是因为它们是由不同的人承担的，同时，物质生活的生产由于各个人本身的局限性还被认为是自主活动的从属形式，而现在它们竟互相分离到这般地步，以致物质生活一般都表现为目的，而这种物质生活的生产即劳动（它现在是自主活动的唯一可能的形式，然而正如我们看到的，也是自主活动的否定形式）则表现为手段。

这样一来，现在情况就变成了这样：各个人必须占有现有的生产力总和，这不仅是为了实现他们的自主活动，而且就是为了保证自己的生存。这种占有首先受所要占有的对象的制约，即受发展成为一定总和并且只有在普遍交往的范围里才存在的生产力的制约。因此，仅仅由于这一点，占有就必须带有同生产力和交往相适应的普遍性质。对这些力量的占有本身不外是同物质生产工具相适应的个人才能的发挥。仅仅因为这个缘故，对生产工具一定总和的占有，也就是个人本身的才能的一定总和的发挥。其次，这种占有受进行占有的个人的制约。只有完全失去了整个自主活动的现代无产者，才能够实现自己的充分的、不再受限制的自主活动，这种自主活动就是对生产力总和的占有以及由此而来的才能总和的发挥。过去的一切革命的占有都是有限制的；各个人的自主活动受到有局限性的生产工具和有局限性的交往的束缚，他们所占有的是这种有局限性的生产工具，因此他们只是达到了新的局限性。他们的生产工具成了他们的财产，但是他们本身始终屈从于分工和自己的生产工具。在迄今为止的一切占有制下，许多个人始终屈从于某种唯一的生产工具；在无产阶级的占有制下，许多生产工具必定归属于每一个个人，而财产则归属于全体个人。现代的普遍交往，除了归全体个人支配，不可能归各个人支配。

其次，占有还受实现占有所必须采取的方式的制约。占有只有通过联合才能实现，由于无产阶级本身固有的本性，这种联合又只能是普遍性的，而且占有也只有通过革命才能得到实现，在革命中，一方面迄今为止的生产方式和交往方式的权力以及社会结构的权力被打倒，另一方面无产阶级的普遍性质以及无产阶级为实现这种占有所必需的能力得到发展，同时无产阶级将抛弃它迄今的社会地位遗留给它的一切东西。

只有在这个阶段上，自主活动才同物质生活一致起来，而这又是同各个人向完全的个人的发展以及一切自发性的消除相适应的。同样，劳动向自主活动的转化，同过去受制约的交往向个人本身的交往的转化，也是相互适应的。随着联合起来的个人对全部生产力的占有，私有制也就终结了。在迄今为止的历史上，一种特殊的条件总是表现为偶然的，而现在，各个人本身的独自活动，即每一个人本身特殊的个人职业，才是偶然的。

哲学家们在不再屈从于分工的个人身上看到了他们名之为"人"的那种理想,他们把我们所阐述的整个发展过程看作是"人"的发展过程,从而把"人"强加于迄今每一历史阶段中所存在的个人,并把他描述成历史的动力。这样,整个历史过程被看成是"人"的自我异化过程,实质上这是因为,他们总是把后来阶段的普通个人强加于先前阶段的个人并且以后来的意识强加于先前的个人。① 由于这种本末倒置的做法,即一开始就撇开现实条件,所以就可以把整个历史变成意识的发展过程了。

——

市民社会包括各个人在生产力发展的一定阶段上的一切物质交往。它包括该阶段的整个商业生活和工业生活,因此它超出了国家和民族的范围,尽管另一方面它对外仍必须作为民族起作用,对内仍必须组成为国家。"市民社会"这一用语是在18世纪产生的,当时财产关系已经摆脱了古典古代的和中世纪的共同体〔Gemeinwesen〕。真正的市民社会②只是随同资产阶级发展起来的,但是市民社会这一名称始终标志着直接从生产和交往中发展起来的社会组织,这种社会组织

---

① 马克思加了边注:"自我异化。"
② "市民社会"的原文是"bürgerlicheGesellschaft",这个术语也有"资产阶级社会"的意思。

在一切时代都构成国家的基础以及任何其他的观念的[①]上层建筑的基础。

国家和法同所有制的关系

所有制的最初形式，无论是在古典古代世界或中世纪，都是部落所有制，这种所有制在罗马人那里主要是由战争决定的，而在日耳曼人那里则是由畜牧业决定的。在古典古代民族中，一个城市里聚居着几个部落，因此部落所有制就具有国家所有制的形式，而个人的权利则局限于简单的占有，但是这种占有也和一般部落所有制一样，仅仅涉及地产。无论在古代或现代民族中，真正的私有制只是随着动产的出现才开始。——（奴隶制和共同体［Gemeinwesen］）（古罗马公民的合法的所有权［dominium ex jure Quiritum］）。在起源于中世纪的民族那里，部落所有制经过了几个不同的阶段——封建地产，同业公会的动产，工场手工业资本——才发展为由大工业和普遍竞争所引起的现代资本，即变为抛弃了共同体［Gemeinwesen］的一切外观并消除了国家对所有制发展的任何影响的纯粹私有制。现代国家是与这种现代私有制相适应的。现代国家由于税收而逐渐被私有者所操纵，

---

① 原文是 idealistische，本意是唯心主义的。这里应指观念的、意识形态的。

由于国债而完全归他们掌握；现代国家的存在既然受到交易所内国家证券行市涨落的调节，所以它完全依赖于私有者即资产者提供给它的商业信贷。因为资产阶级已经是一个**阶级**，不再是一个**等级**了，所以它必须在全国范围内而不再是在一个地域内组织起来，并且必须使自己通常的利益具有一种普遍的形式。由于私有制摆脱了共同体［Gemeinwesen］，国家获得了和市民社会并列并且在市民社会之外的独立存在；实际上国家不外是资产者为了在国内外相互保障各自的财产和利益所必然要采取的一种组织形式。目前国家的独立性只有在这样的国家里才存在：在那里，等级还没有完全发展成为阶级，在那里，比较先进的国家中已被消灭的等级还起着某种作用，并且那里存在某种混合体，因此在这样的国家里居民的任何一部分也不可能对居民的其他部分进行统治。德国的情况就正是这样。现代国家的最完善的例子就是北美。法国、英国和美国的一些近代作家都一致认为，国家只是为了私有制才存在的，可见，这种思想也渗入日常的意识了。

因为国家是统治阶级的各个人借以实现其共同利益的形式，是该时代的整个市民社会获得集中表现的形式，所以可以得出结论：一切共同的规章都是以国家为中介的，都获得了政治形式。由此便产生了一种错觉，好像法律是以意志为基础的，而且是以脱离其现实基础的意志即自由意志为基础的。同样，法随后也被归结为法律。

私法和私有制是从自然形成的共同体［Gemeinwesen］的解体过程中同时发展起来的。在罗马人那里，私有制和私法的发展没有在工业和商业方面引起进一步的结果，因为他们的整个生产方式没有改变。①在现代民族那里，工业和商业瓦解了封建的共同体［Gemeinwesen］，随着私有制和私法的产生，开始了一个能够进一步发展的新阶段。在中世纪进行了广泛的海上贸易的第一个城市阿马尔菲也制定了海商法。②当工业和商业——起初在意大利，随后在其他国家——进一步发展了私有制的时候，详细拟定的罗马私法便又立即得到恢复并取得威信。后来，资产阶级力量壮大起来，君主们开始照顾它的利益，以便借助资产阶级来摧毁封建贵族，这时候法便在所有国家中——法国是在16世纪——开始真正地发展起来了，除了英国以外，这种发展在所有国家中都是以罗马法典为基础的。即使在英国，为了私法（特别是其中关于动产的那一部分）的进一步完善，也不得不参照罗马法的原则。（不应忘记，法也和宗教一样是没有自己的历史的。）

在私法中，现存的所有制关系是作为普遍意志的结果来表达的。仅仅使用和滥用的权利［jus utendi et abutendi］就一方面表明私有制已经完全不依赖于共同体［Gemein -

---

① 恩格斯加了边注："（放高利贷！）"。
② 意大利的城市阿马尔菲是10—11世纪的繁荣商业中心。在中世纪，阿马尔菲市海商法在整个意大利都有效，而且在地中海沿岸各国也被广泛采用。

wesen］，另一方面表明了一个错觉，仿佛私有制本身仅仅以个人意志即以对物的任意支配为基础。实际上，滥用［abuti］对于私有者具有极为明确的经济界限，如果他不希望他的财产从而他滥用的权利转入他人之手的话；因为仅仅从私有者的意志方面来考察的物，根本不是物；物只有在交往中并且不以权利为转移时，才成为物，即成为真正的财产（一种关系，哲学家们称之为观念）。① 这种把权利归结为纯粹意志的法律上的错觉，在所有制关系进一步发展的情况下，必然会造成这样的现象：某人在法律上可以对某物享有权利，但实际上并不拥有某物。例如，假定由于竞争，某一块土地不再提供地租，虽然这块土地的所有者在法律上享有权利，包括享有使用和滥用的权利。但是这种权利对他毫无用处：只要他还未占有足够的资本来经营自己的土地，他作为土地所有者就一无所有。法学家们的这种错觉说明：在法学家们以及任何法典看来，各个人相互之间的关系，例如缔结契约这类事情，一般都是偶然的；他们认为这些关系可以随意建立或不建立，它们的内容完全依据缔约双方的个人意愿。

每当工业和商业的发展创造出新的交往形式，例如保险公司等等，法便不得不承认它们都是获得财产的方式。

———
① 马克思加了边注："**在哲学家们看来关系＝观念**。他们只知道'一般人'对自身的关系，因此，在他们看来，一切现实的关系都成了观念。"

———

分工对科学的影响。

镇压在国家、法、道德等等中的作用。

资产者之所以必须在法律中使自己得到普遍表现，正因为他们是作为阶级进行统治的。

自然科学和历史。

没有政治史、法律史、科学史等等，艺术史、宗教史等等①。

———

为什么**玄想家使一切本末倒置**。

笃信宗教者、法学家、政治家。

法学家、政治家（一般的国务活动家）、伦理学家、笃信宗教者。

关于一个阶级内的这种意识形态划分：**职业由于分工而独立化**；每个人都认为他的手艺是真的。他们之所以必然产生关于自己的手艺和现实相联系的错觉，是手艺本身的性质所决定的。关系在法律学，政治学中——在意识中——成为概念；因为他们没有超越这些关系，所以这些关系的概念在他们的头脑中也成为固定概念。例如，法官运用法典，因此法官认为，立法是真正的积极的推动者。尊重自己的商品，

———

① 马克思加了边注："同表现为古典古代国家、封建制度、君主专制的'共同体'[Gemeinw-esen]相适应的，同这种联系相适应的，尤其是宗教观念。"

因为他们的职业是和公众打交道。

法的观念。国家的观念。在**通常的**意识中事情被本末倒置了。

————

宗教从一开始就是**超验性的意识**，这种意识是从**现实的**力量中产生的。

更要通俗地表达这一点。

————

法，宗教等领域中的传统。

————

各个人过去和现在始终是从自己出发的。他们的关系是他们的现实生活过程的关系。为什么会发生这样的情况：他们的关系会相对于他们而独立？他们自己生命的力量会成为压倒他们的力量？

总之：**分工**，分工的阶段依赖于当时生产力的发展水平。

————

土地所有制。公社所有制。封建的所有制。现代的所有制。

等级的所有制。手工工场所有制。工业资本。

写于1845年秋—1846年5月

第一次用俄文发表于《马克思恩格斯文库》1924年版第1卷

原文是德文

选自《马克思恩格斯文集》第1卷第512—587页